戒掉孩子的
拖延症

【中国台湾】王意中◎著

中国友谊出版公司

图书在版编目（ＣＩＰ）数据

戒掉孩子的拖延症 / 王意中著. －－ 北京：中国友
谊出版公司, 2018.4（2019.7重印）
ISBN 978-7-5057-4248-2

Ⅰ.①戒… Ⅱ.①王… Ⅲ.①家庭教育 Ⅳ.①G78

中国版本图书馆 CIP 数据核字(2017)第 313917 号

著作权合同登记号　图字：01-2017-8094

书名	戒掉孩子的拖延症
作者	王意中
出版	中国友谊出版公司
发行	中国友谊出版公司
经销	新华书店
印刷	大厂回族自治县益利印刷有限公司
规格	710×1000 毫米　16 开
	13 印张　121 千字
版次	2018 年 4 月第 1 版
印次	2019 年 7 月第 4 次印刷
书号	ISBN 978-7-5057-4248-2
定价	39.80 元
地址	北京市朝阳区西坝河南里 17 号楼
邮编	100028
电话	(010) 64678009

目　录

克服拖延第二部 | 提升压力适应力

正向情绪的管理

克服拖延第三部｜最省力教养
建立良好互动与生活公约

克服拖延 | 提升时间管理力

第一部

▶ 锁定外在与生理条件 ◀

1 孩子写作业拖拖拉拉，
专注力惹的祸？

↓

营造适当学习氛围

妈妈常听人说，小学一年级的孩子，如果老师不要故意折腾，作业通常大约半小时就可以完成。但这样的情况在志铭身上却不管用。

志铭总是得花好几倍的时间写作业，还不一定能做完。这点让妈妈非常头痛，时间几乎把志铭绑死，什么事情都做不了。

读幼儿园时，还没有明显感觉到志铭的拖延性格。直到进入小学，各科作业、评量、测验卷纷纷而来，志铭马上"原形毕露"。

志铭每天都会从学校带回不同的作业，这让妈妈每天一到放学时间就莫名焦虑。甚至考虑要不要让志铭去上托管班，花钱请人来解决他那拖延的毛病。

　　这天，志铭在书桌前那副懒散模样又让妈妈受不了了。

　　"志铭，你在发什么呆！一下看窗外，一下又抠脚，到底在干吗?"

　　"隔壁的姐姐写功课只要半小时，你却花了三四个小时，还没写完!"

　　"你到底要写到几点?"

　　"你动作能不能快一点?"

　　"你看起来没那么笨啊！到底是哪根筋不对?"

　　"别再拖了，行不行?"

　　妈妈使尽全力地骂，嘴巴没有停下来过，多希望哪句话能改变志铭的拖延惰性。然而，不管妈妈怎么说、怎么骂，志铭那张清秀的脸总是露出一副无奈的模样。妈妈看在眼里，这孩子总是心不在焉的样子，没把自己的话当一回事。

　　"好啦，好啦！妈妈，你别再说了！我认真写就是了嘛!"

　　"认真写、认真写！这句话你讲了多少遍?"

　　"不然该怎么办？我都说我要认真了啊!"

　　妈妈每念一句，志铭就反驳三句，不是急着澄清，就是搬出各种理由搪塞。这一来一往，反而让志铭写作业的时间愈拖愈久。不仅妈妈的脾气来了，志铭也显得浮躁而不耐烦。"不然怎么办？"志铭这句话打中妈妈心里的脆弱点。说真的，她自己也不知道该怎么办。母子俩都很清楚，这写作业拖拖拉拉的状况，到了明天、后天，甚至下个月，可能都不会改变。

当孩子写作业拖拖拉拉，父母到底该怎么办？

孩子拖延，心理师这么说——
掌握孩子的分心状况

当我们明确知道孩子的专注力质量不好时，第一个关键是让他自我觉察，了解自己的专注力状态。孩子必须清楚知道自己当下应该要做什么、是否已经被不相关事物吸引、能否马上掉头回来等。

专注力如果回不去了，该做的事情就会一直被搁置在原地，所以父母必须充分了解孩子的专注力质量与他受干扰的分心情况。其中，可能造成孩子分心的原因，分别是来自视觉与听觉的干扰：

● 视觉干扰

有些孩子的弱点在于容易受到视觉刺激的干扰，眼前太多非相

4

关事物，往往会将孩子的专注力拉走。这时，请把不相关的事物移除，让桌面与学习空间保持简单、清爽，除了必要物品外，没有多余的东西。

至于凌乱不堪的桌面是否会诱发孩子的创造力，这样的想法请先暂时搁置在一边。除非孩子平时有所产出，并且准时完成他该做的任务（例如听说读写算等作业或日常事务）。否则，桌面凌乱只会对孩子引来更多分心与拖延的灾难。

● 听觉干扰

另外还有些孩子对听觉刺激的控制力相对薄弱，只要有些微不相干的声音干扰，就很容易中断正在进行的事情，该完成的事也就愈拖愈久。

对于这类孩子，可以让他们在学习过程中，尽可能处在适度的安静氛围内。此外，将不相干刺激排除，也将有助于他们把专注力持续在该做的事情上。

● 营造适当情境

与其不断抱怨孩子不专心，不如花点时间，好好为他们营造一个适合专注学习的情境。

所谓适当情境因人而异，也会因事情不同而有差异。关于情境的营造，如果一时没有头绪，也可以先从父母自己的经验开始剖析，观察自己在什么样的情境下可以维持较佳品质的专注力，再从中萃取出关键元素，套用在孩子身上。

能让人专注的情境也许是：好的隔音效果、干净的桌面、有限的文具用品、角落学习等。不妨把这些元素放入小孩的学习情境中，再观察其专注力表现。当专注力的质量获得提升，拖延的毛病也将会有所改善。

● 采取"非语言"提醒

我们可能常常抱怨："孩子的心又飞走了。""他的注意力又涣散了。"

这时，到底该不该在一旁提醒孩子？

当我们决定提醒他时，建议采取"非语言"的提醒。减少用说的方式，特别是太模糊的说词，例如："你专心一点！""你在干吗！""发什么呆！"这些对话无助于提升孩子专注力，只会产生反效果。

当孩子分心时，可以试着在桌面上轻轻敲一下示意，顶多发出一声"嗯"作为提示。

● 留意注意力持续状况

观察孩子在每一项活动上所花的时间，了解他的注意力持续状况——专注力差的小孩，停留在一项活动上的时间总是相当短暂。

孩子三分钟热度，往往东碰一下、西摸一下，半途跑去做其他事情，而使得许多事情中途停摆、没有具体的成果。

请特别留意，这往往是注意力出了问题的初步症状。

这时，不妨让孩子试着专心做一件事情，并且持续一段时间。时间的长短取决于孩子的注意力持续状况，一开始可以先设定为十五分钟，之后再视孩子的表现与状况，以十五分钟为一单位慢慢延长。

● 留意转换性注意力

所谓转换性注意力（Alternating attention），是指将专注力从一项活动顺利转移至另一项活动的能力。例如，孩子做功课到一个段落后要求玩在线游戏，十分钟后其注意力是否能够顺利回到功课上。

孩子有时很容易从眼前的事物跳开，就像我们事情做到一半，又会打开微博留个言、按个赞，再回回微信。像这样的中途切换很自然，但要顺利切换回来却不容易。

只要多一件事，就得面临在不同工作之间转换所带来的心理耗损，往往容易看似忙碌，实际上却毫无生产力。

其实即便是大人，遇到困难时也会很自然地暂停一下。偶尔从某个情境跳脱出来无伤大雅，也有其必要，重点是，孩子的专注力是否能够顺利回来？每次转换需要花多久时间？而这些问题都关系到"转换性注意力"。

请留意孩子在事情与事情之间的转换是否流畅、干净利落。

每一次转换，对专注力都是一种多余的耗损。当孩子转换过去的事物太具吸引力，例如打游戏，若要把孩子拉回到原先进行的活动上（例如写作业），难度就会相对增加，拖延的习性又将恶化。

转换的次数多了，心就容易疲惫。要再回到下一个活动，往往得花更多的时间来调适。因此，当我们发现孩子转换性注意力不佳时，请给予必要的限制，告诉孩子一次只能进行一项活动。

● 判断能力范围

面对孩子在作业上的拖拖拉拉，我们可以判断一下，眼前的作业难度是否已超出他的能力范围？

如果孩子对几个特定单元比较熟悉，例如七年级的数学有理数单元，不妨拿该单元的测验给他，观察他完成的能力，及花费的时间是否合理。

追踪孩子是否在每一科作业上都出现拖拖拉拉的现象。如果只发生在单一科目上，例如语文、英语的完成度比较高，数学则需花费较多时间，我们就必须进一步衡量他在数学基础或概念上是否有状况。

爸爸妈妈也要提醒自己，并非每个孩子对所有领域或单元都擅长。比较困难的内容，当然也会耗费较久的时间。

如果家长担心孩子是因专注力问题而导致拖延，一般来说，注意力有缺陷或困难的孩子，在课业上的表现通常会受到影响，这点可以作为日常的观察指标。

● 勉强他，不如教会他

孩子写作业时，往往容易遇到阻碍便卡在那里，虚耗了许多时间。

当孩子拖延的核心原因是本身能力不足时，与其让他不断浪费时间，不如试着教会他。

举例来说，做一份数学测验时，孩子若卡在第七题无法继续下去，不妨引导他先跳到下一题，等题目全都做完了再回到第七题。

如果还是不会，这时，就是要一对一教会他的时候了。

在教导的过程中，可以慢慢去了解孩子的能力范围，找出他的底线在哪里。如果是因为在学习上有些限制，不管怎么提升能力都只能停在某个地方，我们也必须坦然接受。因为每个人都必然有自己不擅长之处。

2　孩子无法判断轻重缓急，
怎么办？

↓

加强对事务的了解

　　子涵家里采取的是"责任制"。家中的每一个成员都要学习对自己的生活负责。爸妈认为每个人都有自己的生活节奏与做事方式，因此不会去干涉孩子什么时间该做什么事，只要能在时间内善尽责任即可。

　　这样的教养理念执行了几年，读高中的子涵总是能充分展现自律，让爸妈很放心。就读初中的子强可就让人伤透脑筋了。最近子强妈不时和丈夫提起，这样的"责任制"是否有必要修正，夫妻俩甚至为此召开"临时会议"。

让两人伤脑筋的原因之一是子强的成绩始终不好。以数学来说，这孩子总是在及格线上下浮动。六十分像个魔咒一般，不时困住子强。

令爸妈不解的是，子强这孩子明明够聪明。说到他的专心，也不得不令人竖起大拇指。在爸妈眼里，子强全心投入一件事情的模样，简直像敬业的职场人般，可说是达到全然忘我的境界。

但事实摆在眼前，子强的成绩就是不好。而爸妈直觉认为，这孩子对事情的投入顺序与时间安排，似乎有待改善。

"这么晚了还不去睡？我倒了杯牛奶给你。"妈妈端着刚泡好的牛奶，朝亮着灯的书房探头问。

"明天数学要阶段测验，我还没看完。"子强睡眼惺忪，边打哈欠边回答。

"你晚上都在干吗？"妈妈虽然不想过度介入孩子的时间安排，但实在看不下去了。

"晚上把《灌篮高手》经典漫画整套快速翻了一遍。因为舅舅说他上个月去江之岛，有到附近漫画里的场景照相留影。太令人羡慕了，一时心血来潮就……"

这回不等子强把话说完，妈妈真的忍不住了。

"为什么不早点读书？这样熬夜有用吗？每次都临时抱佛脚，不

12

睡觉，当熊猫啊？明天哪来的精神考试？放学后时间那么多……"

子强心里也明白，放学后不用像同学一样去补习班，自己能运用的时间其实很充裕。但如同妈妈所说，每次考试好像都是看心安的。要怪只能怪自己爱拖延，把大半时光给浪费掉了。

书桌前，子强打了个大哈欠，搓揉着几呈一条线的双眼。体力早已透支，脑袋也不灵光了。

"我真的不行了！"说完，便倒头呼呼大睡。

妈妈只能傻眼看着，手上还拿着要给儿子的牛奶。

孩子拖延，心理师这么说——
自我描述拖延历程

拖延是种变调的认知状态，反映了一个人对于某件事情的错误判断，包括对自己能力的了解、如何运用时间，以及这件事做或不做会带来什么样的后果。

我们往往会忽略"没有做"的后果，甚至高估了自己的能力，而把该解决的事情搁置着。

这时，不妨引导孩子进行自我觉察的练习——自我描述。当然，父母也不至于需要用录像的方式记录下孩子的拖延状况，但是可以引导孩子动笔写下，好好描述自己拖延的状况。

自我描述写得越仔细、越巨细靡遗越好，这么做将有助于让孩子了解自身的状况。毕竟，总是由爸妈、老师来告诉自己拖延的细节，听在耳里，只有满满的不舒服，听起来还会像是一种抱怨，一种负面的暗示。

● 自我评估——我有多少能力和时间？

要正确判断事情的先后顺序，就要熟悉每件事所需要消耗的心力与时间。

协助孩子对不同的事情进行评估，例如眼前某件事情的难度，或在做各学科评量、讲义时，预估一下自己大约要花多少时间才能完成、是否有解决的能力等。

在实际演练的过程中，如果孩子无法做出正确的评估（不管结果是高估或低估），我们可以和孩子一起检讨判断错误的原因，再进行后续的修正。透过逐次的修正，孩子的自我评估与判断将会慢慢与现实吻合。

● 闲事、正事，谁来定义？

常常令所有爸妈困扰的，就是孩子把"正事"与"闲事"的顺序颠倒了。

当妈妈眼中的闲事成为孩子心中的正事，当孩子全神贯注在不那么重要的事情上，往往正事也不用做了。

我常鼓励父母，必要时，让孩子养成"责任制"的习惯，让他能安排自己所要做的事情的顺序。而这需要一次又一次的演练，一次又一次的操作，孩子才能在过程中不断地修正与调整。

和孩子沟通所谓"重要"的事情时，亲子间的看法往往不太一样。对孩子来说，玩、放松比较重要，父母则认为学业当然优先于玩乐。

其实，如果孩子有能力边玩边把学业维持在该有的水平，那么事情的先后顺序——先玩？还是先写作业？就不是重点了。

但如果孩子分不清楚轻重缓急、优先级，就很容易把时间花在一些琐碎、不重要或现在不该做的事情上。

孩子花太多时间与心力在不该做的事情上，不仅心累了，体力透支了，时间更是不够用了。这时，要孩子做真正该做的、重要的事情，已力有未逮。就如同子强的例子。考试前一晚的"正事"，应该是好好准备考试范围，子强却选择了看漫画。就算只是快速翻阅，还是耗了许多时间与精力。

时间点不对，常常会让孩子误了事，把时间放到不该放的地方。不过，闲事或正事，其实没有一定的准则，只要亲子一起讨论，尊重孩子的特质后双方达成共识，就是好事。

3 当孩子抱怨：

"我没有时间……"

↓

待办事项的过滤与筛选

"勇正，我交代你的事做完了吗?"

"拜托，我哪有时间? 你没看到我事情很多吗?"

"不对哦! 怎么会是你这孩子在跟我抱怨? 我事情才多呢!"

"催、催、催……谁叫妈妈让我上了那么多课，这个也要做、那个也要做，要写功课，要预习、复习，还要准备考试，我哪有那么多美国时间?" 勇正越说情绪愈激动。妈妈心里的一把火也熊熊烧了起来。

"我这么做也是为了你好啊！你以为上这些课不用钱啊？"

勇正手上的考试、作业、待办事项，总是一波接着一波。这些永远做不完的事情就像阿尔卑斯山上的雪一样——永远铲不完。这也让母子俩总是为了做不完的事情爆发冲突。

"勇正，我跟你说——"

"你可以闭嘴吗？"勇正咆哮着。

我们常常把生活填得满满的，让自己喘不过气。

我在医院服务时，曾遇过一位前来接受心理治疗的小学生。当时妈妈很骄傲地表示，给自己的孩子一个礼拜安排了十三种课程，其中有英语、游泳、作文及其他才艺课等。当然，也包括医院的心理课。

那时我心想，如果这孩子要先删掉一堂课，就先从我的心理课开始吧！

倒不是我觉得这孩子不需要被协助，而是，这位妈妈似乎已把心理课当成一种外加课程，像小孩的能力外挂程序一样。当下我很清楚，眼前优先需要服务的对象并非孩子，而是这位妈妈。

某次演讲场合上，一位妈妈表示自己正就读小学一年级的孩子从星期一到五，放学后补习回家，已是晚上十点。这样的现象，我们也可以从晚间九点后的公交车、地铁上，或补习班前停满的家长接送专车观察到。

我常常在想，大人的工作时间，若是从早到晚都没有喘息时间，会是多么压迫和辛苦的事，更何况是这些成长中的青少年？孩子被塞了那么多的事情，还有足够的时间好好喘口气吗？

孩子拖延，心理师这么说——
检视时间的运用方式

当孩子总是抱怨时间不够，家长就要找出问题的症结，才能知道如何调整与改善。

我们需要仔细了解，在他清醒的时候，时间都花在哪里？如果他的时间确实都花在你交代的事情上，就得进一步思考，是否给孩子安排了太多的事情？

家长不妨把孩子一天、一周及未来两个礼拜内所有要做的事情全部列下来，包括学校老师对学业、考试、作业的要求，家长对日常生活的要求，孩子本身的兴趣和休闲娱乐，以及补习班、托管班、才艺班等。必要时，斟酌减少一些不是那么重要的事。

如果孩子把大部分时间拿去做不该做的事，例如我们并不期待他去做的休闲娱乐活动，这时的亲子沟通与讨论，就得聚焦在他应该做哪些事。

同时，孩子也要回头检视自己的生活习惯、想法、行为模式，搞清楚自己到底拖延了哪些事情，而不只是重复强调单一说辞："我没有时间。"

● 删除多余的事情

我过去有很长一段时间，只要计划表上有空白处，就想把它填满。我让自己承接太多的事情，把自己压到快喘不过气。

过去的我，常自豪这是超完美的计划，后来才发现我这么做是非常可笑又愚蠢的，因为那是一种不会过滤、筛选事情，糟糕透顶的时间安排。

我们应该好好检视孩子每天的待办事项是否过于烦琐，是否因为过量的事情而感到身不由己。

小孩需要喘息的空间，才能更有活力地面对那些需要专注的事情。

如果造成小孩拖延的罪魁祸首是我们给了他太多的任务，那么，是时候和他一起讨论哪些事情该删减，让待办事项"瘦身"。

至于合理的待办事项应该有多少，这部分因人而异，但是爸妈与孩子必须彼此清楚，并协调出一个合理的数字。

• 留白的艺术

可以确定的是，每个人可运用的时间都是固定的、有限的，而我们在这些时间空格上填满多少格，相对地就决定了我们要花费多少心思、体力和时间来处理。

我曾在大学进修部兼课教书一段时间，后来决定放弃讲师这份工作。其中有个很大的原因，就是上课占了我太多时间。当我取消了那门课，不再兼课，便多出十几周的空闲夜晚。在这多出来的时间，我可以安排做其他想要做的事，或是单纯地休息。

留白，是一种艺术。留白，是一种态度。留白，是一种哲学。留白，也是一种对待自身生活的看法。无论大人、小孩都需要一些余裕，适时给自己留白，才有办法从容面对眼前的待办事情。

请试着仔细思考与分析，孩子真的有需要在有限的一天内做这么多事吗？

很多事情都需要取舍，毕竟一个人的心力、体能、时间、专注力是有限的。太多事情迎面而来，容易让孩子两手一摊，大声宣告："算了，我放弃了！反正我永远做不完！"

让孩子少做一些事情，给他多一些时间专注在眼前的事物，孩子的心理负担和压力也会减少一些。别忘了，提出任务的常常是父

20

母自己，一旦孩子在心里宣告放弃，再让他动起来，就会更困难。

做好、做满，有一定的难度。如果希望孩子把事情做好，或许可以先给他一段空白时间。即便心里认为每件事情都很重要，但是真的不需要每件事情都得让他去接触或完成。

● 时间管理的基本概念

时间管理，决定了孩子要把时间花在什么事情上。而这些事情，大人跟孩子的判断不一定相同。每个人都有自己认为最重要的事，父母如此，孩子也是。这当中的差别，往往会让亲子因为彼此期待不同而产生冲突。

先算出每件事情所要花费的时间，再决定每件事情的先后顺序。

孩子要学着有效运用时间、分配时间，懂得在什么时间做什么事。让他学会管理自己的时间，知道自己在怎样的状态、做什么事情是最低耗能、最有成效的。同时，也让他知道，只要早点把事情做完、有了多出来的时间，就可以用来做他想做或喜欢的事情。

"你的时间用在哪里，就会成为那样子的人。"这是我们常听到的一句话，套用在孩子身上也是如此。每个人的时间都是一样的——这点毋庸置疑——因此，我们必须思考孩子需要哪些经验，在时间上是否具有充分的分配与运用能力。当然，如果日常生活中都是由父母来决定孩子要做什么，孩子在这方面的经验值就会少很多。

　　家长们也要提醒自己，时间管理，并不是要让孩子在有限时间内塞满事情，也不是要孩子做更多事、读更多书。而是一种对待生命的态度，能让孩子充分运用自己和时间的关系。

4 孩子总说：

"我不知道要做什么……"

↓

设定目标、制定待办清单

书桌前的小峰，时而望着记事本，时而托腮发呆。他就像个没有装电池或被拔掉插头的机器人，没有任何动作，只是两眼无神地在那里"展示"着。

妈妈走了过来，突然发现时间竟过了这么久，而小峰什么都还没做。拖、拖、拖……妈妈已经受不了小峰这副德行了。

"在做什么啊？你从刚刚到现在都一直在发呆？"妈妈问。

"我不知道要做什么。"

"我不想再听到这句话！"这回妈妈真的火大了。她实在无法想象，一个人竟然会不知道自己要做什么！

"我真的不知道要做什么啊……"小峰无奈又茫然地说着。那张看似受委屈的脸，让妈妈更加生气。

"别老是装可怜！我受够了，你老是在找借口！"

小峰眼角微湿，试着辩解："我就是不知道啊！如果知道，我就会做，但我就是不知道要做什么啊！"小峰的话，循环地在原地绕啊绕。

妈妈实在听不下去了，猛摇头大声说着："怎么会不知道？你看！记事本上写的这些是什么？"记事本被妈妈拿在手中用力甩了几下，都快脱页了。"怎么可能不知道呢？说不知道，就可以不用做了吗？进入社会，没人会管你不知道这三个字！"

这次，妈妈的忍耐已经到了极限，怒气难消。

"难道这孩子真的这么糊涂吗？又不是没交代事情给他，更何况，每天记事本清楚地写着那么多该做的事，怎么会不知道要做什么？根本是借口！"妈妈心里很是挫折，但是又无可奈何。先前还一度以为是自己快到了更年期，现在可以确定，自己是快被小峰这副拖延的德行给逼疯了。

无论妈妈怎么说小峰，这孩子还是那副茫然的样子。妈妈的步伐乱了，理智线也断了好几根。

24

她很清楚，自己得把老公拉到同一阵线来。没错，她需要协助。更何况，当爸爸的怎能置身事外？但在这之前，总得让小峰做点什么。

"不能再让他拖了！没错，现在就是要让小峰开始动手做！"妈妈现在心里笃定了一些。二话不说，摊开记事本，在第一项打了个圈。"小峰，你现在就做这件事！"

"真的要做吗？"

"还怀疑啊！"妈妈决定让小峰不再有迟疑的空间。

孩子拖延，心理师这么说——
同理孩子的无助感

我们都有浑身提不起劲的时候——脑袋处在无法运转的状态，失去了让自己动起来的诱因，感到慵懒、全身无力，好像全身细胞都进入休眠模式……这时的我们不想动，同时又为自己的"不作为"感到焦虑，心里很是不安。

孩子在望着天花板或窗外发呆时，也是一样，并不比较轻松，甚至也会在心里产生一股焦虑与忧愁。那样的情绪总是无止境地蔓延，让人浑身不自在。

把自己也曾有过的类似感受向孩子说吧！让孩子知道，我们懂他们的心情。

● 主动给予清单

孩子对于要做什么事情感到茫然时，我们可以主动提供待办事项的清单。清单内的项目可以先维持在三项左右，太多项目反而容易让人不知道从何下手。

清单内容，要注意避开笼统、抽象的说词。因为这样的说词容易让人不知所措。让待办事项具体化、明确化、量化、条列化，使孩子能一条一条清楚知道自己应该做些什么。

如果孩子还是不知道该做什么，也许可以来场"俄罗斯轮盘"：把未完成的待办事项条列在纸上，闭上眼睛，转动一下纸张，随手指到哪件事，就去着手进行，反正不管选到哪件事，都是本来就该做的。透过这样的方式，也能减少他的犹豫不决。别忘了，犹豫不决会大大削弱一个人的行动力。

● 待办事项在脑海中轮播

引导孩子在轻松的状态下整理思绪，例如洗澡或散步时。让待办事项逐一在脑海里轮播一遍，如果能在心里念出声音当然更好。在放松的状态下重新整理思绪，让思绪影像化，一次又一次地反复播放。不断在脑海里提醒自己，并重新调整优先级。

每辆行驶在高速公路上的车子，都有要去的地方、该走的辅路。为了保持车流量顺畅，并维持安全车距，我们会让一些车子先走辅路。生活中的待办事情也是如此——为了不导致塞车，得有所疏通。

因此，孩子也需要在脑中建构一些画面，把要做的事情先在脑海里面想一遍。如果想确认他是否进行过想象，可以让他把做某件事的计划说出来，说得愈仔细，孩子对那件事情的掌握度就会愈高。

● 制作计划表

让孩子制作一份属于他自己的计划表吧！

只要是已有书写、辨识字等能力的小孩就可以进行。有些孩子不勤于规划事情，但也因为如此，才更需要动手记下，留下经验与行动的痕迹。

制作计划表后，孩子要不时去翻阅，好清楚了解接下来这一天、一星期，甚至一个月的时间里，要进行哪些事情。

若要对未来有所规划与想法，就必须让计划表的画面不知不觉复印在脑海里，甚至可以"随选播放"。有画面就会增加熟悉感，同时也较易于启动执行模式。

引导孩子在列出清单并完成一件事情后，用力地把它删除吧！

完成一件事情后，在计划表上"画线删除"也能为孩子带来成就感与快感。我自己就常常把已完成的草稿资料先撕掉再回收，在用力把纸团往回收筒扔的那一刹那，的确是我最爽快的时候！

5 孩子总是拖到最后一刻才动工，
怎么办？

↓

加强自我检视，将时间具体化

世上有一种线，叫"死线"（deadline）。

明坤总是很享受即将跨上线前，那瞬间如濒死的快感——紧张、刺激、压迫、令人无法呼吸。

"那种感觉，就像走在危险的黑森林里，隐约知道背后有只巨大的黑熊正往我这个方向来。当我加快脚步想逃离那座森林，那只黑熊却不死心地追了过来。我使尽吃奶力气愈跑愈快，后面那只黑熊也不甘示弱地愈来愈靠近。说时迟，那时快，眼前出现了山谷，我奋力一跳，竟成功跨越了山谷，把黑熊远远抛在脑后。我胜利了！"

明坤炯炯有神，面露骄傲，向死党们描述着关于死线的"惊险一瞬间"。

明坤的死党从前有一大票，到现在只剩固定班底阿保和小亮两人，主要原因还是他那爱打包票，却又老是跳票的性格。

"你放心，包在我身上！"第一次听到明坤斩钉截铁说出这句话的人，可能会对他竖起大拇指，但是当他一而再、再而三地不信守承诺，别人对他的信任也松动了。至于明坤的爸妈，别说信任，心早已崩裂成满地碎片了。

"你不要再跟我保证！"

"妈妈，你不要急嘛！还有那么多天假，时间很充裕啦！我这次一定会提前做的，一定。"明坤用力握紧拳头，展现他的意志力。这画面，简直像街头广告牌上的竞选广告似的。但因为看过很多次，妈妈早就不抱任何期望。

"我不要再等了，作业马上拿出来！"妈妈已对明坤完全失去信心。

"我这次绝对不会拖到最后一天，妈妈，这集卡通正好看，先让我看完嘛。不然，我明天一大早就写，拜托嘛！"明坤仍极力想要说服妈妈。

"不，这回我不能再被他唬住了！"妈妈摇摇头，让自己的思绪清醒一些。

以前就是太相信这孩子了，结果养成他每件事都拖到最后一刻，火烧屁股才启动的惰性。为了孩子好，这次一定要坚决！

"不行，明坤，你现在马上就写！"

"妈妈，我明天——"

"就！是！现！在！"吃了秤砣铁了心，妈妈一字一字加重语气地说着。

孩子拖延，心理师这么说——
压迫的快感？请适可而止

有些人总会想寻求被时间追逐的快感。如果能赶在截止日的最后一刻完成，那瞬间是多么振奋人心，让人想握紧拳头用力向下拉，大喊一声"Yes"！

我自己就曾经是这样的人。我常常开玩笑地说，自己可能存在着火烧屁股的基因。有时甚至享受着事情完成前，那份紧张刺激所带来的快感。但是这所谓的快感，通常都是有惊无险的事后解释，其实过程中是极度不舒服的。

有限的时间会让人肾上腺素激升而紧张焦虑起来。当然，脑袋里的压力也会不断地升高。尽管如此，明知时间紧迫时总会处在极度焦虑的状态下，有时还会引发不自主的抽动、喉咙干燥、血压升高、心跳加快、脉搏急促，我们却还是选择这么做。关键或许就在于过去总是在危急中逢凶化吉，一次次在死线前，摆脱死神的纠缠并且复活——对某些人来说，这也是一种成就感，就像电影《头文字D》里的甩尾一样，即使在迂回的弯道上，还是能"逢凶化吉"。

但这一切，请适可而止。

● 别让孩子拖延成性

拖延本身是一种习惯的养成，这习惯会一点一滴地累积，如果我们松懈了、忽略了，孩子对于时间的运用就会慢慢偏移到拖延这一边。

凡事拖到最后一刻才做，等到时间运用的习惯侧弯了，要再把它调回来，得花费更多的心力。当事人势必也会更加痛苦，更容易产生逃避的心理。

● 动态的行为改变历程

先让孩子厘清自己的习惯、想法与看待事物的方式，再进行一场透彻的习惯改变。这种改变将能带来神奇的变化。

当他有能力解决眼前的事情，这种"有能力完成"的感觉往往也会让自信随之生成，并且从中感受到从无到有的过程。同样地，借由一次又一次的修正，孩子也就有机会从中摸索出解决问题的方法。

为什么我们必须不断地带着孩子一起检视他在处理事情上的状态？因为，克服拖延就像是一段动态的自我行为改变历程，只能依靠不断的觉察、修正与调整。

● 破除万事开头难

万事开头难？头过，身就过！要启动一件事、解决拖延，一定是从最简单的部分开始。就像我们必须先把脚抬起来，往前跨出第一步，才有机会带动第二步。即使是很简单的事情都没关系。让孩子给自己起个头，一点一点地开始。有了第一步，就能跨出第二、第三步，接着就有机会逐步走完全程。

这时，孩子需要一个简单的"启动仪式"，仪式内容很简单，只要想想以下几个问题：

我最拿手的事情是什么？做哪些事情最顺手？是否曾经在进行某件事情时，发展出属于自己的一套模式？这套模式将能帮助我用较短的时间解决眼前的事情——就从这里开始尝试吧!

启动仪式的时间不需要太长,三到五分钟即可。主要是让孩子有一种能够动起来的经验。同时,陪着孩子一起思考,三分钟、五分钟、十分钟……这些时间分别可以用来做些什么?

孩子的东摸摸、西摸摸,有时也反映出他可能缺乏目标行为。也就是说,对于自己所要做的事情感到茫然,没有一个明确的方向和执行的细节,所以总是处在一个"不知道要做什么"的状态。

每件事都需要有个开头。有了开头,多少都会带来一些继续完成的力量。当然,要开始,多少也需要给自己一个可以完成的动力。这时,设定一个能够完成的目标就相当重要。并且,暂不考虑做事情的质量,先求有,再求好。有了雏形后,再进一步慢慢调整。

有时烦躁、低落等负面情绪,也容易让人将眼前的事情搁置在原地。因此要让孩子感受到"完成"的快感和成就感,有种"一切都在我的掌握之中"的感觉。接着,再让他依自己的进度、节奏,决定做事的速度与方向。这样的自我反馈将有助于孩子再次启动执行的能力与行动力。

● 观察孩子掌握进度的能力

关于孩子的判断力好不好,不妨找件事情当例子,彻彻底底地从各种角度、所有面向加以讨论，借此观察他是否具备精准掌握进度及了解眼前事务的能力。

而在孩子过去的经验里，到底有多少证据能证明他做得到？孩子必须练习拿出证据，好说服别人相信他能在有限时间内完成某件事。这么做也能避免孩子空口说白话。

● 定期检视进度、设立截止日

让孩子设定一段定期自我检视的时间，比如早中晚、每天、每个礼拜，或每两个礼拜。从定期检视到随时自我检视，确确实实地核对自己的执行力是否有跟上待办进度。如有落后便立即进行微调，或转为自动化模式，变成一种不需特别思考就可以马上动手做的状态。

同时，孩子要懂得"截止日"的概念。他必须对"最后期限"有感觉，才能知道自己还有多少时间可以运用。而这样的具体提醒，也能让孩子随时保持在一种警觉状态。

● 切割待办事项

孩子很容易自认为时间还很多，就把事情摆在那边，不去碰触。

但是，这种"反正我有的是时间"的想法是很糟糕的。当我们如此暗示自己，就会在无形中造成相当可怕的时间耗损。

因此，父母有必要让孩子养成把时间具体化的习惯，特别是以分、小时为单位。

引导孩子将一个小时区分成四段，让每个十五分钟有起、承、转、合。以十五分钟为一区间，他会比较能够完成一部分的事情，大人也能借此仔细观察孩子在这十五分钟里完成了什么事情、是否有把时间用在关键的事情上。

孩子也要依照过去的经验，确认自己每次可以完成的工作量，再依此标准把待办事情分割成多个细项，决定每次要完成的工作量。

接着闭眼思考：我是否可以完成它？如果自觉有困难，没关系，再缩减一些。依此类推，直到自己认为有把握完成为止，随后就开始动手去做。

● 设定一段安全时间

以前孩子可能总是等到截止日、死线前才开始做事，现在，他要多给自己预留几小时或几天的安全时间。

为自己保留一些弹性时间，比较能够从容地处理眼前事务，以免总是要到最后关头才因为时间的压迫，破坏应有的质量或表现。

● 丢掉不存在的"理想时间"

有些孩子的拖延，是因为他总是在等待"完美的时刻"来临，以为在那个时间点做事会是最有效率的。然而，往往等着等着，那样的时刻没有到来，拖延却已发生。

事实上，每个人都很难等到那个时间点的出现，也可以说，那样的时间根本不存在。孩子最终还是得自行承担拖延带来的苦果，否则往往连大人也会被连累。

建议家长们耐心地与孩子探讨一个问题：孩子在等待什么？是在等待未来有更充裕的时间吗？还是认为"万事俱备，只欠东风"，而不合理地期待着"东风"吹来？

带领孩子观察，在等待的过程里，他是否又把时间耗费在一些不相干的无谓琐事上？而那道东风，甚至不一定会吹来。

● 别期待每回都有好运气

如果孩子总能在极有限的时间里加紧赶工并完成，甚至维持该有的质量与水平，那只能说他运气不赖。但是，不能将一次、两次的好运视为理所当然，认为自己会有第三次的好运。如果每次做事都靠运气，只怕这些好运终有一天会被浪费殆尽！

　　拖延，反映了孩子高估或低估自己的能力、对时间的运用，以及事情没有完成的后果。拖延，考验着孩子对事务的判断力。孩子不能只凭主观的直觉，赌徒似地押注。面对眼前的待办事项，千万别像赌博一样孤注一掷，把执行的时间全压在截止日期前。

　　让孩子挥别孤注一掷的赌徒性格吧！

6 孩子没有时间观念，
怎么办？

↓

提升对时间的知觉与敏感度

妈妈从以前开始就受不了那些没有时间观念的人。不论是约定好时间却经常迟到，还是以为时间多得很，最后才发现事情做不完的人。

"对不起，我忘了时间！"这句话，妈妈实在无法接受（忘了时间？根本是没把约定当作一回事吧）。

对于这种没有时间观念的人，她通常会采取消极式的互动：微博不加好友或取消关注。几个让她受不了的迟到大王总让她觉得自己不被尊重，便索性绝交，老死不相往来。然而，有个妈妈无论如何都没办法绝交的人——那总是对时间不敏感的儿子镇宇。他那每次都忘了别人交代的事情，推、拖、拉的死性子，她实在无法接受。

拖延这件事几乎成了他们家的教养重点。

"天啊！镇宇你到底在干吗？"这句话像是广告台词，三天两头就从妈妈口中冒出来。

这次，妈妈真的受不了了。看着客厅散落满地的玩具，她恨不得直接拿起大塑料袋，把触目所及的玩具当成垃圾扫进袋子里。

"你是故意的吗？我不是说楼上的陈阿姨七点要来我们家，让你把地上的玩具收一收，你到底有没有听到？家里乱成这样，怎么接待客人啊！"

"我哪知道时间会过那么快，想再玩一下，怎么一下子就快七点了……我现在马上就收。"镇宇语气中有些无奈。

"你真的一点时间观念都没有！再让你慢慢收，待会儿门铃就要响了。"妈妈板着脸，火速收拾玩具，生怕这画面会坏了自己在小区里的美好形象。

"下回给我好好注意时间！还杵在那？不会过来帮忙吗？"妈妈拉高嗓门叫着，收拾的动作没有因此停下来。

"是你不让我收拾的啊！"镇宇压低音量嘀咕着。

"我……我真想把你关起来！"妈妈已经气到语无伦次了。

孩子拖延，心理师这么说——
引导孩子注意时间

　　有些孩子对于时间的知觉比较缺乏，甚至对每段时间的长度大概是多少也不太敏感。我们往往不断提醒孩子现在的时间，却很少让孩子自己去注意时间。其实，少了这样的经验，孩子对时间会更加不敏感，甚至根本不清楚时间过了多久。

　　孩子需要具备"时间感"，要能知道在有限的时间里，自己可以做哪些事、去到多远的范围。

　　这情况就像我到学校演讲一样。短暂的十分钟休息时间里，如果我想逛逛校园、转换一下情绪，就必须思考：这段时间内，我可以逛到哪个程度？更重要的是，时间一到，我必须能够立即转换，顺利投入接下来的演讲。这其实就像孩子下课玩耍后，是否能够回来上课，而且不只是身体回来，心思与专注力也要回来。

　　以整理为例，孩子必须知道，自己有多少时间可以收拾玩具、收拾这些玩具要花多少时间，以及应该先收拾哪些东西速度会比较快、效率比较高？而这些都是需要经验值累积才能判断的。

　　当孩子不具备时间的敏感性，就很容易陷入不知所措的茫然状态；一旦无法掌握当下的进度，就容易做出错误的判断，等到时间逐渐接近，才发现原来已经没有足够的时间做该做的事情（以前面镇宇的例子来说，就是玩具收不完了）。

关于时间的敏感度训练，并不单纯是对客观时间的注意，留意时钟显示为几点几分只是最基本的训练之一。如果孩子连时间都不加以留意，也就遑论时间的管理了。

● 外在时间感的训练

日常生活中，不妨引导孩子透过细微的观察，去注意生活中某些现象与时间之间的关系。例如：太阳、月亮的方位与高度；白天、夜晚的光线与亮度变化；周围声音的转变，如：上下学、放假日的马路交通状况等。

孩子必须加强这方面的敏锐度，以提升自己对外在时间的知觉。必要时，也能辅以手机、计算机、手表、电视新闻台的显示时间等，透过触目所及的时间显示加以比对、判断和确认。

● 内在时间感的训练

你是否想过，为什么在下载游戏时，看着下载进度，总会让人感觉已经过了好久的时间？

要让孩子感受时间的流逝，除了外在讯息的观察和提醒，还有另一种方式，就是回到内在，了解自己对于时间的感受。

内在的时间感是一种很主观的知觉经验，每个人的感觉都不太一样，这取决于我们的直觉与判断是否敏锐与正确。

我们不妨让孩子透过生理反应来推估大概经历了多久时间，比如进行某件事情时，当下的心跳、呼吸等生理状况。这样的练习也可以让孩子思考自己对这些事情的喜好与厌恶。

试着引导孩子，在内心平静，没有太急促的心跳、脉搏或呼吸，既没有盗手汗，也不会肠胃不适的情境下，自行衡量：在这样平静的状态下，时间过了多久？

● 判断时间感的差异性

有些孩子特别需要学习判断时间的长短，加强对时间的敏感度。

在主观经验上，每个人对时间都有不同的看法与感受，孩子需要清楚，同样的十分钟分别用来看卡通、玩游戏和做功课、干家务，对自己有什么差别。同样地，他也应该去衡量在下课十分钟这段时间，自己能做多少事情。

这需要一次又一次的判断与经验的累积。以前可能下课十分钟，上完厕所再跑到操场，就差不多要上课了。现在，他得慢慢学着调整下课的活动内容，例如上完厕所，就留在走廊上和同学玩游戏。

孩子必须一次又一次地思考，为什么十分钟内进行不同的活动会给自己带来完全不一样的心理感受？这当中的差别到底是什么？

有时，当我们投入在喜欢的活动之中，会感觉时间过得相对快一些，希望能多延长一些时间在喜欢的事物上。反之，面对不喜欢、厌恶的事情，总让人感觉相对漫长、难熬且不舒服。

让孩子借由一次又一次的感受，慢慢去掌握在面对眼前不喜欢的事物时，该如何在心态或解决方法上做调整。

当他清楚自己拥有多少时间能利用，就会进一步去衡量想做的事情需要花费多少时间。逐次比较分析后，就能慢慢学会判断事情的优先级与哪个部分是可进行的。同时，我们也可以让孩子预估，每件事情需要多久的时间完成。如果他无法如期完成，或超出所预定的时间，则和他一起检视哪个环节出了问题，以及还有哪里可以做调整。

● 自我检视做事的效率

请留意，对时间的掌控、对于有多少时间能利用的了解程度、自己的最佳状态是在何时、适合做什么事情、在处理事情时是否够清楚每件事情的内容与细节等，都会影响一个人做事的效率。

而拖延也反映出孩子在解决事情上可能无法充分发挥应有的效率，因此我们可以试着引导他将眼前的事务称斤论两，重新按照重要性进行排列组合，再把自己最好的状况与时间用来进行最重要的事情。

● 想象完成的模样

我在着手进行一件事情时，通常会先去想象它完成的模样。画面愈具体、深刻愈好。接着进一步思考：我需要多久的时间来完成这个任务？再给自己设定一个具体的时间表。

当孩子拖延了，我们也不妨让他给自己一个启动与结束的时间点，并写在纸上。由他自己决定要在这件事上花多少时间，然后像电子时钟般，在脑海里明确地显示出时间：几点、几分、几秒。

此外，要让孩子看到他自己完成的部分。这个反馈非常重要，能提升他对时间的掌握。当然，如果能让孩子把这个反馈烙印在脑海里更好。

7 孩子每件事都想做，
好奇心惹的祸？

↓

提升冲动控制的能力

"启任，你不觉得自己很贪心，什么事情都想碰一下吗？"老师微笑着说。

"别说我贪心嘛！我就是有些好奇，一看到新的事情就无法克制自己。好多事情都好有趣、好新鲜，每件事情我都想去做。"没错，在启任的世界里，并不存在"无聊"这两个字。

"好！说好奇也可以，但你不觉得自己有那么点……冲动？我想，在自我控制上，你还可以再多点自我约束。"

"老师，我承认自己是有些冲动，但我就是耐不住，想要立刻体验它。"

"那么，这冲动的代价是什么?"老师刻意抛出问题，希望启任有所觉察。

"代价嘛……当然就是做了这件事，我就会忘了原本该做的事。老师你知道的，就像零食吃多了，会不想吃正餐一样。"

老师发现，启任的冲动模式主要在于看见事情就想要去做，说话方面倒不至于插话、打断别人，虽然讲话的速度确实快了许多。

"你有想过要控制它吗?"

"当然想过! 但是，想归想，真的要做却很困难。"启任吐了吐舌头，自己都有些不好意思。"我真的控制不了心里的冲动，这是实话。如果我可以控制，就不会状况百出，当然也就不需要定期来和老师见面约谈了。"

于是，老师抛出了个棉花糖实验的例子，想听听启任的反应。

"一群小孩进到实验室，每位小朋友发一颗棉花糖。这时，研究者要离开实验室。他告诉你，如果不碰这颗棉花糖，等他再进来，就会再给你一颗棉花糖。

"启任，如果是你，会怎么做?"

"我当然想要两颗棉花糖啊! 可是，眼前这颗棉花糖已经让我口水直流了。"

"所以，你会把棉花糖吃了？"

"当然，但是——"启任停顿了一下，接着沾沾自喜表示，"我会再跟研究人员讨第二颗棉花糖。虽然我把第一颗棉花糖吃掉了，但我有能力说服他再给我一颗，因为我太爱棉花糖了！"

老师只能摇头苦笑。但他依然相信没有什么事情是做不到的，包括控制好自己的冲动也是。如果启任愿意的话。

孩子拖延，心理师这么说——
是出于好奇？还是冲动使然？

每件事情都可以有许多不同层面的看法。对于孩子动不动就想东碰西碰、做不同的事情，有些父母会将之视为孩子探索、好奇、想尝试的特质，有些老师则会认为这可能是一种冲动的表现。

孩子什么事情都想尝试，多少也表示他对于各种事物都有基本的兴趣。但是，我们也必须思考：孩子在每件事情上的停留时间到底有多少？

冲动控制失灵，凡事都要碰一下、沾一下的行为模式，往往也会导致拖延的毛病生成。至于该用什么样的角度看待，全看这些行为是否为自己或他人带来麻烦。

48

● "趋"动程序的调整

有些孩子特别爱尝鲜，凡是新的事物都容易唤起他们趋前尝试的动力。这部分在一些趋避性①气质中，倾向于"趋"的孩子身上很容易看见。

回到对"拖延"这个字眼的界定：没有适时进行原本该做的事，以致花费更多的时间才能把那件事情完成，甚至出现无法完成的情况。

就前述例子来说，问题的症结在于启任常常分心跑去做别的事情，再加上冲动控制能力薄弱，所以很容易出现许多新事物他看了就想碰的情况。像这样，在有许多新奇事务等着孩子去做的情况下，他当然就容易不管什么事都想尝试。

那么，如果因此忽略了当下应该着手进行的事，怎么办？就从"冲动控制"与"延宕满足感"开始练习吧！

---

① 趋避性，指的是孩子在面对新的人事物所表现出来的态度，而气质倾向"趋"的最典型例子，莫过于注意力缺陷过多动症。

● 享乐与满足感的延续

我们都会去寻求立即性的享乐，这是非常自然的现象，但是当立即性享乐使我们把该做的事情搁置在一旁，甚至导致拖延，这时，该如何延续孩子的满足感就变得至关重要。

"我想，但是做不到。"像启任这样的反应，常常可见。它反映出孩子在"做"和"知道"之间的巨大落差。

这时，亲子不妨一起思考，如何做好自我控制？若要延续满足感，有哪些做法？就前面的棉花糖测试来说，当眼前这颗棉花糖只能看、不能吃，你该怎么办？

和孩子脑力激荡各种可行的做法：

● 闭上眼睛，不看它。

● 二话不说，掉头就走。

● 紧闭嘴巴，猛吞口水。

● 想象其他感兴趣的事物，例如：漫画、卡通。

● 双手交错摆放或手插口袋或手放在桌下。

● 想想其他更好吃的东西，例如：冰淇淋、巧克力松饼。

当然，除了上述几种做法，还有更多可行的答案，可以让孩子自由想象。想象后，孩子还需要实际演练，并把练习过程中无法克

50

服的细节仔细记录下来。请注意，演练很重要。孩子往往容易只停在概念上的知道，而缺乏具体行动力。

● 切换至旁观者身份

人们对于自己身处其中的问题，很容易存在盲点。有趣的是当我们换个角色，转为看向他人，却可以清楚地给对方建议。因此，我们不妨让孩子试着转换一下角色，以"他人"的角度去思考解决方式。

例如，在启任的例子中，我们可以这样问："当朋友有求于你：'启任，怎么办？我总是控制不住，一看到新事物我就好想去尝试，我该怎么办？'这时，你会给他什么建议？"

接着，把他说出来的建议条列下来，或者录音，再原封不动地"奉还"给当事人——孩子，就按照你说的去做吧！

8 孩子动作慢吞吞，
不是因为他懒惰！

↓

确认肌肉张力与动作发展状况

上小学前，姗姗曾经接受过一段时间的早期疗育服务。当时，幼儿园老师总是向妈妈反映姗姗动作慢的情况。经朋友介绍，妈妈带着姗姗到复健科诊所接受评估，随后医师建议替姗姗安排诊所的职能治疗师。训练的重点，主要在于她的手眼协调及手部张力问题。

训练过程中，治疗师发现姗姗的抓握能力比起同龄的孩子较为落后。治疗师也提醒妈妈，这部分将会明显影响姗姗进入小学后握笔写字的质量。

尽管如此，姗姗的爸妈却不太当一回事。对于职能治疗师的建议，经常是三天打鱼、两天晒网，想到才加强。后来更是因为忙于工作与家务，没有让姗姗继续接受疗育。对于精细动作低，张力与手眼协调的问题，妈妈也没有特别留意。

然而，很明显可以观察到，凡是需要动手的事情，姗姗的意愿都不高，能拒绝就拒绝，能回避就回避。母女俩总是为了动作慢这件事起冲突。

"姗姗，你在干吗？演慢动作吗？刚才就要你把桌上的东西收拾好，都过多久了，你还在慢条斯理地收，桌上还是一团乱！"

"我在收啊，干吗一直催我！"

"你到底要收几年？看你这速度，不如我自己收比较快。"

"我已经很快了啊！"

"这样叫快？那世上大概也没有慢这个字了。"

"你越说，越会打断我，我的动作就会更慢。还不都是你害的！"

"自己动作慢吞吞，还怪我这个妈妈啰唆害了你？"母女俩的对话一来一往地，像一场又一场打不完的乒乓球赛。

其实姗姗心里很委屈，她觉得自己已经很认真地收拾桌面了。倒不是因为桌上的东西太多才花那么多时间，而是自己收拾东西时总是"卡卡的"，很是吃力。

关于这点，不只发生在收拾东西这件事上，在写作业时更是明

53

显。"我已经很认真在做了！"这句话，姗姗已经说了不止一次、两次，甚至说过上百、上千次。但是说归说，妈妈总是看不到姗姗的成果。对妈妈来说，姗姗的慢吞吞等同于"懒"，是她的惰性使然。

但是，对于"懒惰"这样的评语，姗姗是绝对不愿意接受的。

孩子拖延，心理师这么说——
优先确认动作能力

发现孩子动作慢时，请先暂时将自己心里的那把火压下来，优先理清问题源头。再次强调，请别急着采取责骂的处理方式，那会使孩子越来越挫折，而且他的动作并不会因你的责骂而变得比较敏捷。

你可以在日常生活中判断孩子是否在每件事情上，如游戏、娱乐、活动等，动作都缓慢，还是只对你交代的某些事情"选择性"地动作慢。

如果是本身动作肌肉张力有问题，其拖延反应会是跨情境的，也就是在多数事情上都容易出现动作缓慢的情况。在这种状况下，通常是孩子在做事，只是动作很缓慢。

这时，我们需进一步理清，孩子动作缓慢是否有生理性的原因。

先确认孩子在粗动作、精细动作上的协调能力，以及肌肉张力或肌肉耐力等，是否与同年龄孩子的发展相似。

关于孩子粗动作、细动作等更进一步的细节评估，可以请相关医疗院所的复健科物理治疗师、职能治疗师进行协助评估。至于另一种动作缓慢，请留意是否为态度问题：因动机不足而导致拖延成性。这样的情况下，我们往往会观察到孩子把注意力、心思放在其他事情上。他会跑去做别的事情、玩别的东西，不管怎样，就是没有在做你要求的那件事。

如果发现孩子动作慢是因为态度问题，那么，在你下达指令后可以选择站在一旁，亲眼看他立刻把该做的事情完成。除非他能清楚地说明当下非做那件"非正事"不可的理由（而非找借口搪塞），并且说服你。

● 同理发展落后的孩子

过去在医院服务时，复健科的专业团队是由物理治疗、职能治疗、语言治疗以及心理治疗共同合作，一起协助需要帮忙的孩子。接受疗育的孩子，包括发展迟缓、自闭症、过动儿、选择性缄默症、脑性麻痹、智能障碍等。

以脑性麻痹为例，不仅是粗动作、精细动作、口腔、构音、语言表达及认知能力需要被关注，在心理层面上，例如情绪表达与控制、人际互动与社交技巧、自我概念、自我意象、自尊心、自信心及正向行为发展等，也要全面纳入考量。这些项目在我当时身处的部门里很被重视，也被积极关注。

部分动作、肌肉张力控制处于低涨或高涨的孩子，他们在身体动作、肢体协调上的控制不太理想，往往也会深深影响到他们的情绪反应与挫折感。这些孩子常常感到身不由己，羡慕其他人能动作利落地完成日常事务及学校里的学习。毕竟，没有人会想被嘲笑、讽刺、排挤，或贴上各种关于懒散的标签。

在早期疗育的团体里，如果治疗师一时忽略了脑性麻痹或动作发展落后孩子的状况，很自然地给出一个指令："小朋友，现在开始收玩具啰！"会发现其他孩子已开始动手收拾，而脑性麻痹的小孩尽管也想参与，却仅仅是在座位上调整了一下姿势。甚至光要离开座位就花了好多时间。往往还没顺利移动好身体，其他小朋友已将玩具收拾干净。

这种情况也常发生在学校的教室里。

只要下课钟声一响，多数小朋友便会往教室外冲出去，脑性麻痹或动作发展落后的孩子，可能还没移动到教室门口，上课钟声就响了。

你能了解这些动作反应、动作协调、动作控制、肌肉张力有困难的孩子，他们心里的感受吗？

当孩子因动作关系导致拖延，我们该给的不是催促，不是指责，而是给予符合他们需求的协助。例如，调整所要进行事情的量，或对他的肢体动作缓慢持宽容与接受的心情。当然，必要的动作或张力控制训练依旧要进行。

事实上，光是每天学校早自习的学习计划抄写，就会让这些握笔困难的孩子吃足了苦头，经历相当的挫折。如果大人们不够贴心，孩子没有获得应有的协助与对待，他们就得花更多的时间去进行这些活动。除了被父母责骂拖拖拉拉之外，和其他同学相处的时间减少了，连带地也容易造成同学间的刻板印象、反感与排挤。

电影《佐贺的超级阿嬷》中，有个最令我感动且印象深刻之处，即是剧中人物的细微贴心。超级阿嬷所强调的贴心，是不会让人感到尴尬，细微到令人难以察觉的帮助。我想，面对动作缓慢却身不由己的孩子，应该给予的，正是相同的贴心。

9　拖延是 ADHD
无法改变的宿命？

↓

为多动儿寻找解套的方法

妈妈总是觉得奇怪，明明教养方式都一样，为什么兄弟俩的能力跟特质会差那么多？

说到哥哥，除了对弟弟的看法有些偏颇之外，无论是学习表现、生活自理或对自己的行为负责态度等，都不需要大人耗费心思去烦恼。弟弟却是从幼儿园开始就不断有老师抱怨，不是太爱说话、坐不住、容易分心，就是常跟小朋友起冲突。

当时也曾为了小儿子的这些问题前往儿童心智科接受评估，结果医师给出"注意力缺陷过动症"的诊断，至于要不要服用药物，医师让妈妈自己决定。

这些年，除了课业表现与常规之外，最让妈妈不知道如何是好的，就是弟弟那慢吞吞、拖拖拉拉的懒散个性。

"妈妈，你就别再浪费唇舌了。你也知道，小康是多动儿，拖拖拉拉就是他们的本性。如果说的有用，你就不用成天喊头痛了。"大永略带贬抑地说着。

"你这做哥哥的，怎么可以这样说话？你以为小康自愿当个多动儿？没错，或许他们做起事很容易拖延，但这并不表示小康一辈子都得如此。"妈妈语带严肃地说着，期待哥哥在看待弟弟的特质与障碍时，不要存有偏见。

"好啦好啦，说到你的痛处了！还好，你还有我这个正常的儿子，否则你和老爸可就——"妈妈马上打断大永的话，"什么正常不正常？别这样把人分成三六九等好吗？何况小康是你弟弟！"

"我只是强调，你还有我这个正常的儿子，可没有说小康不正常！虽然，意思也差不多！"妈妈眼神犀利地瞪视着大永。

大永的这些偏见对于解决小康的拖延及其他恼人问题，不仅没有任何的实质帮助，甚至会让当事人或父母更消极。但是，关于小康的拖延，妈妈真的很苦恼，不知道该如何是好。

孩子拖延，心理师这么说——

"拖延"是 ADHD 的宿命？

注意力不足过动症（Attention Deficit Hyperactivity Disorder，简称 ADHD）的孩童几乎可以说是拖延症的代言人——这句话说来轻松，却充满心酸。

某些孩子往往会陷入"心里知道该怎么做，实际上却总是做不到"的窘境，最典型的例子就是 ADHD 的小孩——他们不是不懂，只是在执行这件事上缺乏该有的行动力。其实，ADHD 的孩子们也相当无奈，不希望自己如此拖延，却无能为力。

二十几年前，在我决定以 ADHD 作为论文对象的时候，心中就有一个想法："这群孩子的可塑性是很高的，我可以透过心理学的方法来帮助这群孩子。"

现在，面对他们的拖延问题，也是一样的道理。

我要强调，拖延并非注意力缺陷多动症孩子的专利，拖延普遍存在于每个大人、小孩身上，只是对 ADHD 小孩来说，生理上的缺陷特别容易让他们无法顺利完成某些事。不过，不管多难以承受，该面对的问题还是要解决。

60

● 药是方法之一，不是唯一

当爸妈知道了孩子患有注意力缺陷过动症，也知道孩子在自我控制及自律上出了问题，药物辅助会是"其中一种"处理方法。请注意，是其中一种，而非唯一一种——并非所有的注意力缺陷多动症孩子都需要服药，就算要吃，也不是一辈子。

关于是否需要服药，可以与原就诊医师讨论，在此不能一概而论。以下要探讨的是，如果孩子的自我控制真的有问题，我们如何透过行为的改变，让他建立良好的习惯，摆脱拖延。

● 留意无效的催促

在 ADHD 主题演讲上，我常说："如果多动儿用说的有用，那我们今天的演讲就到此结束。"对于过动儿，催促只会让他们更心急、更混乱。因此，请避免不必要的催促，当心"提醒"可能带来的副作用。

每一次催促，都可能成为孩子依赖爸妈的原因——反正不需要自动自发提醒自己，爸妈也会像个小秘书般，自动开启提醒功能。再次强调，给孩子太多的指示，反而容易让他们不勤于思考。

• 授予单项任务，实时给予反馈

一次只交代一件事情，避免同时给予太多任务。这么做，不仅大人比较容易观察孩子面对该件事情的处理状况，孩子也较能从容地完成。

交代好事情后，别急着转身离去，不妨先留在他身边，看看他在做的过程中表现如何，再来决定我们是否要优雅转身离开。

在解决问题之前，也可以先让孩子模拟可能会遇到的问题，具体描述会造成延误的状况，再仔细思考问题被解决的可能性与策略。这么做能避免孩子把 ADHD 当作任何拖延的借口。

另外，ADHD 的小孩也需要"立即性的反馈"。因此，缩减待办事情的量以后，当他完成了计划，请给予立即性的反馈，这将有助于他们继续下一个行动。

• 指令简洁有力、具体明确

和 ADHD 孩子说话有个大原则，就是要说出具体的人、事、时、地、物。例如，以"现在把书包拿到门口，七点十五分我们要出门去学校"，取代"你动作快一点"——"快一点"这种话多说无益，反而会耗损孩子对于他人话语的敏感性。

和多动儿相处，请秉持"简洁有力、具体明确"的原则，并彻底实践。

● 摆脱拖延宿命

多动儿的习惯性拖延，让他们失去了做事的动力，执行力也不时处在空转状态，往往因此带给别人不好的印象。不仅在生活、工作、学习、人际上造成麻烦，也会使他们自己的自尊、自信心遭受漫长的折腾与耗损。

我常对家长说："进入社会，没有人会管我们的孩子是不是多动儿。"这句话很残酷，但是事实。孩子长大后，终究得为自己的行为表现负责。我们总是允许孩子给自己找很多理由和借口，没错，他们在做某些事情时是有些困难，但还是要练习，并且得去思考，为什么自己在做不同事情时，态度和行动力完全不一样？拖延的背后，究竟是"不能"，还是"不为"？

别让"多动儿"三个字，成为孩子拖延的借口。

● 做，就对了！

ADHD 需要对时间更加敏感，并有所觉察。同时，他们必须训练自己的组织能力、能够判断事情优先级的能力，并设定一个短期内可以完成的目标，再透过一件一件完成任务来创造成功的经验。

我们都不希望"多动儿"三个字成为孩子拖延的借口，因此，请适时提醒孩子：一再拖延并不会让事情因此消失。逃避会让事情如循环利息般不断累积，让自己的心情更加沉重。只要孩子有了"我愿意，我也想要找到练习的办法！"的信念，就可以从最简单易做的事情开始着手。

无论如何，都要先有第一步的行动。

让 ADHD 孩子面对自己的拖延，可以让他们对自己更加了解，并且练习面对自我，开始思考自己在面对某些难题或不想做的事情时，是否总是倾向于逃避。

在他勉力完成了原先拖延的事情后，大人就可以大方给予奖励。当然，如果能在不拖延的前提下顺利完成任务，也可以给予更大的奖励。

让孩子行动吧，摆脱拖延的宿命！

克服拖延

提升压力适应力

第二部

▶ 正向情绪的管理 ◀

1　孩子失去做事的动力，
怎么办？

↓

给每件事寻找正面意义

君皓开口闭口都是"意义"二字。那像个筛选门槛，只要眼前的事情未达到他所定义的意义标准，便一概被刷下去。即便那是件非做不可的事，还是会被君皓打入冷宫。

"意义、意义、意义，君皓你倒是好好跟我说清楚，你那意义怎么来的?"妈妈已经受不了君皓的这番说辞，甚至认为这是他在合理化逃避做事的借口。

"就是因为找不到，我才会说做这件事情没有意义!"君皓理直气壮地说着。

"等等，君皓，我看你根本不知道意义是什么，只是在绕圈圈罢了。"

"妈妈，有没有意义是每个人很主观的经验，怎么能强迫我说？"

"君皓，我可不是在强迫你！既然你强调意义这件事，那你就要好好地说服我。"妈妈认为"有理"就得明说。

君皓一时语塞，脑海里找不到适当的语汇来组织他所要表达的想法。或许，只是心里的一种感受。没错，很直觉式的感受，无法用言语来形容。

"好，没关系。既然我交代你的事，你都以'没意义'来拖延和回绝，那请你好好举个例子，你以前做过哪些事情是你认为有意义的？"妈妈一副洗耳恭听的姿态，让君皓感到一股热浪即将从眼前席卷而来。

这问题问倒了君皓，也因为一时无法反驳，被妈妈视为强词夺理，让君皓感到既羞愧又委屈。

"我说的意义，就是……就是……做那些事到底要干吗？"君皓勉强凑出一些字句，妈妈当然不买单。

"要干吗？你问我写作业、预习考试要干吗？整理书包要干吗？那，打游戏要干吗？你倒是给我好好说清楚。"

显然君皓虽在嘴上挂了意义两个字的大招牌，却少了具体的意义"说明书"。难怪妈妈总是觉得君皓这孩子只是用"意义"在逃避，而深深不以为然。

意义在哪里？这将是君皓接下来的一大功课，他得好好找到意义，才能摆脱拖延的坏习性。

孩子拖延，心理师这么说——
对事物进行拆解

我们往往会对某些事情感到厌恶、不想去接触，这很正常，但在现实生活与学习的过程中，有太多事是即使我们不喜欢还是得去做的。

面对一件不喜欢但必须完成的事情，该如何破解自己的心魔？关键就在于，重新整理自己和眼前这件事情的"关系"。

如果要让孩子在解决一件事情时更加顺手，不妨让他试着重新拆解完成这件事的步骤，再针对每个细节仔细思考：我该如何克服眼前的状况，并找出它的意义？

● 寻找意义所在

拖延，有时是因为对眼前这件事抱着反感、厌恶与排斥心态，或者过去有某些不愉快的经验。当然，也可能是出于认为那件事没有做的意义或价值——我们总是能轻易地说服、暗示自己，做某件事情没有价值，无论这样的"价值否定"是否经过我们细细评估。

若孩子出现价值否定的情况，请试着引导他调整看待事情的角度。

我们可以从旁观察孩子在面对某件事情时是如何解释的，他如何判断这件事情对自己的意义？这些都与孩子看待事物的想法有所关联。有时孩子不想着手解决，只是因为他觉得这些事情和自己无关，或因为感到厌恶而不想去碰触。

当孩子抱怨某件事对自己没有意义时，让他自行找出这件事情对自己的正面解释，以及跟自己有关的十种意义，并将它们列下来。甚至可以明确地说出来。而家长在孩子脑力激荡的过程中，请别加以批判，让他自行创造新的意义。

● 找出乐趣所在

有些孩子提不起劲去做某件事，很大原因是因为他认为做这件事情是没有意义、没有价值的，甚至是因为他完成不了那件事。也许他会说："做这件事情要干吗？好无聊！"但有些事情就像上学、读书、考试、写作业一样，都是无法逃避，终究得面对的。

孩子面对该做的事情却提不起劲，便很容易脱口说出："我没兴趣！"这时，不妨带领他练习从中找出乐趣。

把事情归因于他人，自己总是能少些压力，毕竟千错万错都是别人的错。然而，这样的想法虽能为孩子本身减轻压力，但进步幅度也将大大受限，因为他从不认为自己需要做出什么改变。

举例来说，孩子常常会抱怨某些科目的老师上课很无聊，但除非有机会能选择其他老师，或原来的老师改变上课模式，否则是无法改变现状的，而这些决定权通常都不在自己手中。如果这堂课就是非上不可呢？这时，只能从自己开始改变，从课堂上寻找乐趣、找出对自己的意义和价值所在。

下回，当孩子说出"我对数学没兴趣，做这些题目要干吗？"这样负向的语言，让他试着进行如下的正向翻转吧：

"或许，数学本来就有一些挑战。我可以借这个机会了解自己的能力在哪里，也学着解决数学这个问题，懂得面对困难时我可以如何去化解。这有助于我未来在生活、成长过程中，遇到状况时能有点心理准备。"

"遇到困难的数学，让我来试着分析问题的症结到底在哪里。"

"遇到这样的问题，我该如何求助、如何解决问题？"

"或许我对数学兴趣不大，但是它能让我具备一些基本的思考、逻辑、分析和判断的能力。"

● 自行定义价值

只要能找到每件事情对自己的价值，就会让我们有继续做下去的动力。因此，我们也可以让孩子从他以前主动着手的事情开始，告诉我们这件事对他的价值、意义在哪里。从中了解能吸引他去做的动机，并思考是否能将这些动机复制在他不想面对的事情上。

当孩子抱怨"我就是找不到意义在哪里！"时，别忘了提醒他重新赋予眼前每件事情的意义。再次强调，一件事情的意义是由我们自己去定义的。

关于事情是否有其价值，其实是很主观的想法。如果眼前这件事情是非做不可、逃避不了的，那么改变自己的想法将是关键。

● 避免日有所思，夜有所梦

我自己过去也常常犯拖延大忌。有些报告或记录，明知当下马上完成会是最有效率的，我却只是把它摆着、积着，压根儿不想去碰。甚至明明答应了对方隔天一早要交报告，却还是心想："先睡一下，半夜再起来把报告完成。"然后因为梦见报告而惊醒。

即便不愿面对，心里还是很清楚，那件事情还在等着自己去完成。而且随着时间一天一天过，日复一日地拖延也将使被承诺的人对我们产生不信任。在那段时期里，我非常厌恶这样拖延、违反承诺的自己，那往往会让我的心情不太美丽。

我常开玩笑地跟负责收报告的老师说："该交报告却还没完成的时候，我就常常梦见你。"这种梦，其实会让人又惊吓又尴尬。有意思的是，报告一交出去，那位老师就会从我梦中消失。这果真是"日有所思，夜有所梦"呀！心里的负担有多重，可想而知。

孩子，你想做噩梦吗？还是乖乖把事情做完吧！

2 孩子因害怕失败而拖延，怎么办？

↓

留意评价带来的杀伤力

面对心思细腻、敏感的小荷，亚涵很清楚自己说话要谨慎。

亚涵常常想试着倾听小荷的想法，这对自己来说，是可以多了解小荷的机会。当然，小荷也希望能真正被了解。

但是，对其他同学来说，却怎么也无法谅解，看似乖巧认真、负责的小荷，为什么总是对自己应该做的事情这么不负责任。班上开始出现一些声音：

"你们最好不要跟小荷同一组，否则一定会后悔！"

"对啊！每次轮到她做事，到最后都没完成。"

"每次都想搭顺风车，只顾享受，白要分数！"

"真看不出来呀，她怎么这么糟糕！"

这些声音像针刺般，间接传到小荷的耳里，让她难过地哭了好几天。其实，同学们的话，只对了一半。没错，小荷总是把该做的事拖延着，但她并非故意要占同学们的便宜。小荷心中存着内疚，她知道自己耽误了同组伙伴们的进度，害同学得花更多的时间来弥补被耽误的进度，也让亚涵难做人。

小荷心里实在有好多话想跟亚涵说，她是班上唯一愿意听自己说话的同学，也因为有她，小荷才勉强能待在小组里。但是小荷心中充斥着内疚、挫折、无力感，生怕会因为自己，害了这位一直支持她的好朋友。

"说真的，我很不喜欢这种感觉，但又无可奈何。也许大家都觉得我是想占便宜，但并不是这样的！可是，我也没办法说服你们，因为我真的把事情给耽搁了……"

亚涵如履薄冰，生怕会伤了小荷的自尊，轻轻地问："你知道问题的症结在哪吗?"

小荷隐约知道，"害怕吧，我想。"

"害怕? 你在害怕什么?"亚涵一脸困惑。

"或许是害怕不能符合大家的期待。"

"小荷，这不是很矛盾吗？你把事情搁着不做，结果不是更糟糕吗？"

"可是，我一直想要完成它啊！"

"但现实是你并没有完成。"

"我总是在最后一刻才发现自己没有办法完成。亚涵，我很想知道你们平时到底是怎么做事的，能不能给我一点建议？我真的不希望人家在我背后说风凉话。"

小荷知道亚涵是自己摆脱拖延的唯一机会。因为不管是爸妈或老师，都只会不断重复着同样的话："认真一点，否则以后就完蛋了！"这些话虽然听了很刺耳，却起不了什么作用。而且事实上，小荷"现在"就已经觉得自己完蛋了。

当孩子因为害怕失败而拖延，该怎么办？

孩子拖延，心理师这么说——
剖析恐惧的原因

孩子需要学着面对自己心里的恐惧。看清楚那份恐惧究竟长成什么模样，自己为何会产生这样的恐惧，自己到底在怕什么。

一部分孩子容易自己吓自己，并把那份恐惧感无止境地放大。

这时，我们就要去思考：为什么孩子会对这件事情感到那么挣扎？他在怕什么？

有些孩子不想读书，是因为他不确定自己努力了，成绩就会变好；或者，不查资料是因为担心自己没有能力完成报告。请留意，当孩子对自己少了一分期待，动力也会随之减少一分。

另外，还有些孩子会过度在乎别人对自己的评价，而这时孩子的自信心往往是相对低落的。每个人对自己有多少信心、要表现出怎样的形象，往往取决于别人如何回应自己。但是当我们越在乎别人的反应，做起事来就越容易战战兢兢，生怕自己没有做好、没有达到对方的要求，挫折感也更容易浮现。若孩子有这样的情况，建议适时提醒他，自行拼凑他人对自己的评价，将会少了一份合理的自我看待。

● 透过比较，敦促孩子

与人比较时，一旁的人尽看热闹；当事人却因锱铢必较，烦恼跑不掉。

很少人喜欢被拿来跟别人比较，但是不比较，似乎又无从知道自己到底好不好。而且，即便自己不比较，身边的同学、老师、家人也会在一旁有意无意地提醒自己：这里不好、那里不对，好像随时备有一把尺，往你身上丈量。

比较、比较，到底要跟谁比较？

向上难比较，向下看热闹。往上比较心情会很糟，但是有个强劲的目标，似乎成绩与表现会比较好；向下比较容易摆架子，心情爽快，心花怒放，表现却很可能进入停滞状态。

比较这件事，不外乎来自身旁大人的态度——大人的注意力摆在哪里、重心与焦点如何强调，往往也左右着孩子如何看待与他人间的微妙竞争关系。

当然，在拖延这件事上，谁也跑不了。

你可能会听见孩子这么说："妈妈，我们班○○○、ＸＸＸ也是这样！"然而，拖延时向下比较，将换来满身糟糕。因此，这里要强调的是，我们可以透过"比较"让自己有个方向，好进一步做出调整。

请注意，过度比较会有碍身心健康，现在我们要孩子比较的是"谁准时完成""谁提前完成""谁没有拖延"。也就是，只比较"准时与拖延"这回事。千万别比较过头，让注意力窄化了。

● 寻找参考对象

当然，在比较的过程中，孩子可能会因为被碰触到关于拖延的弱点，而感到自尊心低落。然而，让自己有个合理的参照对象，听听他人的做法，或者观察一下身边人们都是如何采取行动的，将有助于随时调整做事的方向与节奏，慢慢改善弱点，也能在过程中看见自己的强项与优点。

找一位值得欣赏的对象，仔细研究、了解他的特质，看看他在面对事情时都是如何解决，又是如何面对压力的。

拿他人和自己比较虽然不好受，但若能选一位自己欣赏的对象或偶像，孩子就能一点一点地模仿与学习他的特质。也因为他是自己的"偶像"，所以会很自然地想要观察、了解他。

● 缩短想象时间

想想看，孩子为什么没有勇气面对眼前的事情？勇气如何训练？我们过去可曾花过时间训练孩子培养勇气？

拖延其实与我们判断事物的方式有关，例如是否能正确掌握自己的能力范围，及对时间是否能够运用自如等。有时，明知道这件事情该做，却偏偏浑身提不起劲，是因为我们很容易联想到执行时可能带来的麻烦而裹足不前。这时，当然就有必要去理清，自己的这些想法合不合理？是否有其必要性？

同样道理，孩子的拖延，往往是因为他们太习惯将一件事加上一层又一层的外壳，以致作茧自缚。其实事情并没有他们想的那么难。而那"外壳"，正是所有使孩子不想做事的理由。

孩子拖延不见得是因为懒，可能是出于恐惧的心情（有时甚至花费太多心思去想象事情的困难度）。而把事情想得太简单或太难，都会让人停滞不前，所以除非孩子正在进行的思考很合理，否则，请让孩子缩短一些想象时间吧。勇气，也许就在那 0.01 秒之间！

● 慎防否定的破坏力

拖延给一个人带来的负面评价，将对其自尊与自信造成极大的破坏力。当那瓦解的力道使孩子感觉自己离完美形象愈来愈远，他便容易选择自我放弃。

若孩子总是处在被否定的状态，他看待事情的方式就很容易倾向负面的解释，进而影响到他的行动力，浑身提不起劲。

过度强烈的负面情绪就像一头巨大的怪兽，会吞噬一个人的自尊与自信心，所以，请避免孩子因拖延而衍生负面情绪。

当孩子认为"反正做不做结果都一样"，甚至主观认定自己无法把事情做好，看到眼前的事物便浮现负面的、错误的想象，这时，孩子已经不单纯是拖延的问题了。甚至还会衍生焦虑、忧郁、沮丧、低落等情绪问题。这也是为什么克服拖延、解决拖延是刻不容缓之事。

　　每个人多少都有主动去做一件事情的时候。当孩子对某件事情提不起劲时，不妨引导他想想看，过去的经验中，怎样的情境会让他主动想去着手完成？由他来清楚地告诉自己："我不想要再浑浑噩噩过日子，那种拖拖拉拉的生活，我不想要了!"

3 孩子过度在意细节而拖延，
怎么办？

↓

别让完美成为拖延的借口

同组的成员们，个个围在子旭的座位，有人沉着脸，有人双手抱在胸前，还有人两只手用力撑在桌面上，等着看好戏。这回子旭真的快把大家害惨了。如果少了他那五百字的结论，小组作业交不出去，全组的平时成绩也完蛋了。

"子旭，你说说看啊，这问题怎么解决?"组长郁惠发难了，但语气仍然沉稳。她知道情绪解决不了这燃眉之急。

"我发誓，我已经很努力了……"这话一出口，除了郁惠，众人都发出不以为然的嘘声。子旭吞了吞口水，继续说："我一直想把事情做到最好，不断上网搜寻资料。我一页一页地下载资料，仔细研究、思考哪些是我可以使用的，但我总觉得似乎还有更好的解答在下一页。

"有时我会觉得自己关键字用得不够正确，所以不断地尝试。最后，也耗掉了我好多的时间。"

"你说这么多干吗！"

"爱拖延的人总是有很多借口。"

"直接报告老师！都是子旭的错！"

"把这讨厌的家伙踢出我们这组！"

"就是嘛！踢出去、踢出去、踢出去。"同学们你一言、我一语，喧闹着。

"子旭，我们没有说你不努力，但重点是，你并没有拿出该交的五百字结论。这让我们交不出作业，不是吗？"

"我不想再听你强调自己很努力，写得好不好是另一回事。不管怎样，你要先写下来呀！你不写出来，没有交作业，我们其他人就得再花时间来做这件事。重点是，现在已经没有时间了。"郁惠的一番话，子旭很想反驳，却哑口无言。

"我、我、我……"子旭心里很是挣扎，那莫名的追求完美与对自我的要求，让自己的进度总是落后。但是你真的叫他草率地把东

82

西交出来，他也不愿意。这回郁惠把他问倒了，子旭无法说服自己，当然更没有办法说服眼前这群同学们。

孩子拖延，心理师这么说——
先求有，再求好

我们总是想把最完美无瑕的一面呈现出来，其实，如果没有一个雏形，我们很难做进一步的调整，更别想要一步到位。

给孩子一个观念：先想办法把东西交出去吧！先求有，再求好，先做到有基本的 60、70 分，再进一步调整到 80、90 分。如果每次都要求自己一次就达到 95 甚至 100 分，会很辛苦，而且有时那是比登天还难的。

● 不存在的最佳状态

我们常常把事情搁在一旁，只因为我们都还在想象、期待最完美的成果。我们总是在等待最佳的时间、最好的方法、最适当的状态来临，但是，这往往也使我们一再拖延、迟迟没有动手去做。

关于拖延，有些孩子常常会说，因为他觉得自己"准备得还不够"，看似有着高度的自我要求，非要达到"完美"不可，但是所谓"完美"究竟是怎么定义的？孩子的自我要求要到什么程度？他到底行动了没？或者，完美其实已成了推卸行动的借口？

过度追求完美的孩子，总是希望把事情做到最完美、准备到最充分，如同子旭，非把资料准备得非常齐全不可。然而，当他自己把要求的标准拉高了，反而会让自己很难着手。时间一拖一摆，永远都找不到那"最好的"时间点。

"一定要怎样""应该要怎样"，这样的想法会成为让自己裹足不前的心理阻碍；原先苦苦等着的所谓"最佳状态""最适时机"往往不会现身，那终究只是存在脑袋里的"空想"，而使孩子欠缺实际行动的能力。

• 别让"完美"成为孩子拖延的借口

有些孩子自我要求特别高，却不合理。他们总想要达到最完美无瑕的境界，但也时常因此在一些细微的地方不断钻牛角尖，使得进度停摆，更因此困在迟迟无法完成的拖延状态。

回想一下，过去的经验中，孩子所谓的"完美"是怎么定义的？他在这样的标准下完成过什么事吗？是否都在预定时间内完成，还是拖延了许久?

同时,也让孩子清楚,这个完美状态究竟需要到达怎样的境界?自己的能力、实力和时间,是否与此境界吻合,还是根本遥不可及?

有时,孩子总是想得太多,习惯把事情考虑得太周全、太琐碎,过度顾虑每件事情的细节,但也因此无法实际行动——别让这样的"完美主义"成为孩子不做事的理由与借口。

● 接受有瑕疵的完美

对于过度追求完美的孩子,我们可以回过头来想想,这样的自我要求,究竟是来自谁的期待?

孩子对完美的想象,有很大部分来自大人对他的评价与期待。这些既定形象会在日常生活与学习中不断强化,进而影响孩子对自身事物的看法。若想调整孩子对"完美"的定义,首先要检视大人对于完美的反应。唯有大人自我觉察、调整了,才可能使孩子的既定概念逐渐松动。

当然,对家长来说,要执行总是会有些矛盾与疙瘩,因为身为父母总是会期待孩子往愈来愈好的方向发展,但是我们也有随时检视这套想法是否合理的必要。当父母接受有瑕疵的完美,就

能让孩子接纳自己的特质，而不会强求一个遥不可及的完美
状态。

● 分享拖延经验

过去在书写记录和报告时，我都会给自己设定一个无形的标准，
期待每一份报告和记录都要像写小说一样，须具备完整的内容、组
织、架构，遣词立意也得字字斟酌。甚至想再收集更完整的讯息，
或来个录音逐字稿。

相信很多人和我一样，工作、写报告时不想遗漏任何讯息，深
信所有讯息都有其价值，想着哪天"有时间"时再好好记录下来。
但往往也会发现这很难做到，而且，这么做还可能让我们把该完成
的事情给搁置了。更可怕的是，紧接着的报告像不断繁殖般增生，
接着，就把我们给压垮了……

即便是大人，一定也有拖延的时候。偶尔和孩子说说自己的拖
延经验，和他分享我们的不完美，也分享"不合理的完美"曾对我
们造成哪些威胁与破坏。当然，故事最后别忘了加点戏剧性张
力——谈谈你是如何改变，并克服拖延的。

分享的过程中，让孩子了解我们对于拖延的看法、感受和遭遇，
也能让他们了解我们在面临拖延时的积极态度，特别是那股强烈想

要改变的意志。

　　爸妈坦诚的分享，能让孩子不至于认为拖延是件难以启齿的事，孩子在日后也会更有意愿自我表露，与父母分享他自己对于拖延的内心话。

4 逃避虽可耻，
但有用？

↓

提升面对问题的勇气与抗压性

　　妈妈知道美贞手上有些必须现在就去做的事情。虽然母女俩守在电视机前看电视剧、追综艺，很惬意也很享受，但隐约能感觉到，这孩子似乎在逃避着什么。

　　"先把事情做完再来看吧！"妈妈每回这样说时，美贞就会撒娇地回："可是，我想要和你一起看啊！"妈妈只能心软撤回建议。但是，妈妈总觉得不太对劲。

　　"美贞，你确定作业写得完吗？你的资料不是还没收集吗？明天不是还要跟同学讨论进度?"

"妈妈,先看剧再说啦!"美贞总是四两拨千斤,让妈妈再度把注意力拉回到电视里。

有时,电视剧情节高潮迭起,故事张力吸睛迷人,连妈妈都忘了原先的叮咛。但往往剧看完了,让人头痛的事情也紧接而来:该做的事,美贞又拖着没做了。

对于这点,爸爸颇有微词。尤其看到美贞临睡前还在赶工,爸爸总是会对妈妈数落个两句。

"你这做妈妈的,怎么搞的?不催孩子做功课,还耗时间一起看偶像剧?"这番话让妈妈心里很不是滋味。

"美贞,你下次能不能先把事情做完,再来看偶像剧?不然,你爸一直说我,说什么都是我把你带坏的,学人家追剧,害女儿都不做正经事。"

"可是妈妈,我也想跟你一起看啊!"

"但是,该做的事情还是要做啊,总不能以和妈妈看剧这理由来逃避吧!"

"逃避虽可耻,但有用!"

"还掰?以后该做的事情还是得先做。"这孩子连日剧片名都用上了,让妈妈哭笑不得。

"美贞,妈妈并不否定你和我一起看电视,这让我们能一起享受看戏的乐趣，也让我们之间有共同话题。

"可是，面对虽可怕，但有用。美贞，你还是不能逃避。"妈妈对自己下的脚注甚是满意。

但同时，妈妈心中也有一股疑问："这孩子到底为什么逃避？难道是有压力，不敢面对？"

孩子拖延，心理师这么说——
逃避的神奇作用

拖延到底有没有好处？当然有。不然，怎么有那么多大人和小孩都沉迷、深陷在这行为模式上？拖延的好处是，它让人可以暂时避开，不用面对不愉快的事物。

拖延是一种心理状态，也是一种让我们必须勇敢面对自己的挑战。"逃避虽可耻，但有用。"这句来自匈牙利的谚语，也是深受欢迎的日剧《月薪娇妻》的日文片名。但是，尽管以此为片名，剧中男女主角最后还是选择了"面对"。

没错，面对需要勇气，面对需要智慧。拖延，让我们得以逃避，压力也获得短暂的舒缓。但是很抱歉，即便逃得了一时，那些被我们拖延的事情依然存在，而且随着时间过去，它会使我们心里的负担越来越重，也让我们更不喜欢自己。

● 拖延是焦虑的表现？

情绪与拖延往往是相互作用的。我们总是容易受到焦虑、恐惧的影响，使得自己忍不住退缩，这也是为什么我强调拖延的问题要从心理层面来解决。而分析情绪与拖延之间的关系，也将有助于我们认识孩子的情绪状态。

有时，孩子之所以选择转移注意力去做其他让自己比较轻松的事，主要是因为想摆脱眼前这件没有完成的事情所带来的焦虑，或者面对这件事情所产生的恐惧。一个人想要选择让自己处在不受威胁状态是很自然的，但是因为没有完成而产生的焦灼感也会随之生成，且让人无法忽视。

当孩子把时间用在其他的事情上，看似让自己放松了、解压了，但偶尔想起那件迟迟没做的事，心里那股压力又会袭击而来，只好再次把目光转向能让自己更放松的事情。就这样，周而复始，形成一个恶性循环。

有些孩子在焦虑时，可能会有咬指甲、转头发、抠脸、咬袖子、卷袖子，或不自主的眨眼、耸肩、手流汗或发出怪声等行为；有些孩子则容易以东摸摸、西摸摸的方式，让自己转移注意力，使自己不处在紧张的状况下。

如果孩子是因焦虑而拖延，首先要理清的是其压力源为何？让他产生焦虑的原因是什么？只要能克服这份焦虑，多少也能让拖延的问题获得改善。和他一起想想，哪些事情曾让他拖着不做？在这不做的过程中，心情如何？想到还有一件事情没有做时，又有怎样的心情？实际去做，以及做完之后呢，感觉如何？

● 这件事不做，就不会有下一件事？

选择性缄默症①的孩子之所以在别人跟他们说话时保持缄默，其中一个原因是他们不知道做出回应后，对方会不会继续问下去。对他们而言，那就像一场无止境的对话，使得焦虑无限循环。于是他们认为只要对他人的谈话不予以回应，对方就不会再问下去。

同样地，某些惯性拖延的孩子可能会心想："既然这件事情完成了，又会出现新的事情要做，那我干脆都不做，别人就不会再要求我做新的事情。"

请特别留意孩子是否出现这样的倾向。

当孩子有此倾向，建议父母可以告诉孩子："眼前这件事情做完

_____

① 选择性缄默症是一种社交焦虑症，患者有正常说话的能力，但在某些特定情况下会无法开口。

之前，不能进行下一件事。"就像有些下午茶餐厅的用餐规则一样——若要加点下一道美食，得先将眼前这盘吃完。

爸爸妈妈，请坚持你的立场，让孩子了解眼前这件事情"非做不可"的必要性。

● 塑造隐形观众

克服拖延是需要一点压力的。有时候，我们之所以拖延，是因为认定这件事情只有自己知道。"关起门来，除了自己和交代这件事情的人以外，也没别人知道了。"这样的想法让我们心中的威胁感大幅减少，好像没按进度做完也无伤大雅。

以我个人为例，通常我会把重要的待办事情发布在朋友圈上，这么做能让别人知道我应该且将要做什么事，给自己一个必须完成的压力。话一说出去，纵使我们并不知道有谁在看（也许根本没什么人在关注），还是会觉得有人在注意我们是否有如期完成。这并不是"自我感觉良好"，而是当我们想象出一群正在看着自己的观众，将能为我们带来一种监督与提醒的作用。

只要对外公告了，多少都会带来一股推动自己去完成的力量。毕竟话已经说出口，如果你还在乎你的承诺，就会试着努力。

孩子也是一样。与其让孩子给自己找些没有完成的借口与托词，不如让他们想象有人正在注意自己的进度。让孩子给自己一些压力，脱离舒适圈吧！

● 无负担状态

信用卡的红利点数到期，银行会自动删除。但是那些被我们拖延的事，却会一直停留在原地，不会消失。就算抱着眼不见为净的心态，它们还是在那里。

把该做的事情做完，让自己心里毫无牵挂。我常形容这是一种心理的低耗能，它能让我们很快地回复到该有的情绪状态。让体力、脑力、心力可以保持一定的能量，并维持在最佳状态。

● 从影片中发掘不拖延的特质

和孩子一起发掘剧中人物不拖延的特质与行为模式吧！我常常觉得，有些影片如果能和孩子一起观看，其实是亲子双赢、同乐的方式。

我本身就是喜欢看剧的人，喜欢各式各样人与人之间的故事。在我们家，孩子发现我在看影片时，也会坐下来一起观看，在这过程中，亲子间能创造许多交集与共同话题，并互相了解对方正在关注的事物。

我一直深信透过影片这样的媒介，能让孩子学到观看事物的不同角度。剧中人物的互动、对话等表达方式，每段关系的交流、角色的设定与诠释等，多少会和自己的生活有所联结，并产生共鸣。

就像日剧《月薪娇妻》里的剧情，女主角虽然有很长一段时间逃避面对自己内在深层的压力源，但她最后还是在看似琐碎、枯燥的家务活动中完成每一项任务。有时孩子也需要这样的角色模板，作为现实生活里摆脱拖延的参考对象。但也请留意，观影过程中，别说教、别给孩子讲太多大道理，除非他主动问起。

5　孩子总说：

"我就是做不到！"

↓

正视负面自我暗示的杀伤力

　　每个人说话时多少都会有些口头禅，但要注意的是，有些口头禅很容易让周围的人感到不舒服，甚至让气氛陷入一股沉重、消极的氛围。

　　"反正，我就是不行！"

　　"反正，我就是没办法！"

　　"反正，我就是做不到！"

　　这种"反正，我……"的句型一出现，往往会令周围的人不知道该如何回应。而正诚妈发现自己过去好像也有这样的倾向，但都不以为意，直到这阵子从正诚的口中听到类似的话语，才开始反省："正诚这孩子，是不是也被我影响了？"妈妈的心，纠结了。

最近为了正诚的问题，妈妈很烦恼。因为正诚老是无法准时交付应该完成的作业，老师不断透过微信催促，妈妈也急了起来。然而，只要妈妈一提醒，正诚就马上搬出"反正，我就是做不到！"的托词，让妈妈顿时不知所措。那时妈妈才惊觉，自己过去的说话方式，已在正诚身上埋下负面思考的种子。"反正"这两个字，是多么具有破坏力。

今晚，正诚又歇斯底里了。

"反正，我就是这么讨人厌、这么糟糕！我烂透了！"正诚愈说愈激动，不时紧握双拳往自己的大腿捶打。

"正诚，你冷静一下。"妈妈试着安抚正诚。正诚却将妈妈用力推开，说："不要管我！不只你和爸爸说我无法把答应的事情做好，现在连同学也都说我是个不值得信任的家伙，谁跟我同一组，谁就倒霉。"妈妈猜想，正诚大概又迟交小组作业了。

"那你就把作业写完，不要迟交呀。"不说还好，妈妈这话一出口，正诚暴跳如雷。

"你以为我想要拖延吗？我也想把事情做好啊！反正，我就是做不到！"后面那句话，正诚刻意拉高了音量。

妈妈以前都觉得只要自己愿意，没有什么事情是不能改变的。现在，拖延却成了正诚最难以克服的难题。

孩子拖延，心理师这么说——

检视拖延的内容

孩子的拖延，有时也反映出他们对那件事情的抗拒。有些孩子在面对一件有难度的事情时，容易在心里暗示自己："这件事太困难了，我一定无法完成"，接着便停在原地，没有其他作为。

当孩子再次为自己的拖延找来许多理由和借口，可以让他反问自己："然后呢？接下来我可以怎么做？"

没错，重点就在于接下来可以怎么做。

让孩子知道，我们不需要他一再告诉我们他不行、他不能。我们想知道的是，他在进行的过程中，遇到了什么困难？为什么会有这样的困难出现？面对这些困难，可以如何解决？而不是一直强调他不喜欢。

孩子必须好好检视自己拖延的内容，并正视眼前这个问题。只要自我觉察愈清楚，孩子就愈有机会从中找到自己拖延的盲点。

• 寻找自己的行动词汇

有时，孩子也不希望自己再拖延下去，他对这样的状况感到疲倦、厌恶。但他似乎也透露着："我真的想改变，可是我真的无能为力，始终停留在原地。"孩子得去找到属于自己的行动力。就像机场输送带上的行李，我们得动手去将它取下，那些一再被延宕的事物，孩子终究也要自己去解决。

我们可以和孩子一起脑力激荡，把各种象征行动力的单字、动词，一个一个列出来。让他想一想，哪些动词能让自己产生动力。最好是一想到，脑海里就会有画面、会有让人想要动起来的动词，例如飞奔、火速前进等会让人想要动起来的词汇。

• 掌握孩子的拖延情况

观察孩子拖延的情况属于下列哪一种：

- 事情就在眼前，孩子却"动不起来"。

- 动起来了，可是方向不对。

- 跑去做些不必要的、不该做的事。

孩子出现长时间拖延作业的情况，可能是因为这些作业给他带来自尊上的影响，让他觉得自己的能力不足，或者对于与他人竞争、比较的结果敏感。这时，父母与其眼睁睁看着孩子把该做的事情搁置在原地，不想去碰，也害怕去碰，不如引导孩子思考，当他实际去做这件事后，到底会给他带来怎样的后果？或者，只是孩子一再自己吓自己，为自己带来不必要的恐惧。

有时，是孩子自己把眼前的事情放大了，放大到他觉得自己一定解决不了，也解决不好。若有这样的情况，我们就让孩子把事情简化，一次只做一件事情就好，也给孩子具体的时间，甚至，我们就在一旁陪着他完成。

● 想法的威力

找出藏在我们身体内的"懒虫"——这只懒虫，让我们缺乏行动力；这只懒虫，其实就躲在我们的想法里面。如果有件事情搁在心里不舒服了，就赶快去解决它。如果心里一直被这些事情占据着，其实是很消耗脑力与心力的，也会让人心情不美丽。

我常常强调，人的想法一定可以改变。不一样的想法，可以为我们带来不同的心情和感受。当然，想法是双面刃，只看我们是对着正负哪一面。只要有对的想法，就能为我们带来多点行动力。

我一直相信，想法可以改变一个人；关于孩子的拖延坏习惯，一定也可以透过改变想法来加以扭转。

因此，我们可以让孩子赋予眼前的事情一个正面的意义和解释。这将有助于提升孩子产生行动与执行它的意愿。

● 自我对话的魔力

让孩子练习自我对话。由我们先示范，再引导孩子练习说出来。从说出来开始，再慢慢练习在心里默念。

自我对话时，可以和孩子一起想想看：以往自己都是为了哪些事情在急急忙忙？那股能催促自己、推动自己去做的动力是什么？是时间的压迫感，还是不做那件事情背后的代价？

自我对话是非常重要的。这有点像心中有两个人在不断相互提醒与监督，要把它形容成小天使或小恶魔都可以，我们将能借此催促自己去完成眼前的事情。

● 重新调整事情的难度

面对一件有难度的事情时，我们总是无法轻易下手。孩子当然也是。

对孩子而言，眼前的事情就像个庞然大物，那黑压压的影子，令他们喘不过气，更别说要他们动手去做。因为事情太难而不想做，这理由再充分不过。这时，我们要视孩子的能力范围，来重新调整事情的难度。

合理的要求，会让孩子较有意愿去启动那件事情。至少他们会觉得自己有机会可以解决或完成眼前的事务。

以数学作业为例，如果我们发现孩子对一元一次方程式的概念很模糊，可以先把类似的题型都暂停，再另外找时间好好教孩子弄懂这个概念。若要孩子继续把时间耗在不懂的事情上，只会让他们花更多倍的时间，却没什么进展。

● 培养"决断力"

回想一下，在过去经验里，孩子是否曾经自己决定了什么事？

让孩子练习自行选择与判断，让孩子拥有决断力。不需要为孩子把所有事情都安排到最好。如果孩子只是照着我们的想法去做，他就少了他的选择，也少了应有的判断力。

面对一件待执行的事情时，我们总是容易在心中不断想象可能会遇到的困难点，那会使我们产生畏惧与想要逃避的心情，进而妨碍我们去行动。当孩子将某件事情一直搁置在心里、停摆许久，那么，该是时候让他动起来了！

不停地想着事情的困难面，往往会使我们耗损许多时间，因此我们可以引导孩子去思考：是否还有其他更有效的方法？而非一味地钻牛角尖。

6　别让拖延伤了
孩子的自尊

↓

接纳拖延事实，重建自信心

"力瀚这孩子到底怎么了？明明还有很多事情要做，竟然还躺在床上。这次的作业再拖下去，可是会不及格啊！老师已经给他补救机会，只要把期末作业准时交出来就能及格。但……但……他还是这副德行！"

"去把他喊起来呀！这孩子对自己太不负责任了。不然，让他被留级，尝尝苦头。"爸爸不以为然地说。

"这代价太大啦！不要说力瀚承受不起，我可也招架不住啊！你也知道，每次要他别再拖拖拉拉、赶快做事，力瀚就会像失控的狮子一样，大发脾气，再不然就是像个刺猬，整个人敏感地武装起来。我都不知道是哪一句话讲错了。"

"发脾气？难道我们做父母的就没有脾气吗？自己该负的责任，气什么气？我都还没跟他算账呢，做事拖拖拉拉的，将来怎么适应社会！"爸爸气得熄了手上的烟。

"话是这么说没错。可是，你不觉得力瀚最近像活死人一样吗？脸色苍白、两眼无神，完全变了样……"妈妈将目光移向房间，房里的力瀚丝毫没有要起床的迹象。

"怪谁呀！只要认真点，把该做的事情做好，我们也不会骂他啊。"

"力瀚的自尊心已经跌到谷底，再骂下去恐怕会带来反效果。"

"才高中就这么不负责任，以后进入社会，谁愿意聘用他？"

爸爸始终认为，每个人都要懂得对自己负责，没有任何借口。什么自尊不自尊的？只要把承诺的事情做完，别人就会肯定你。如果不想被否定、让人说三道四，就应该把分内事做好。这才是正确的基本态度。

然而，现在情势演变，似乎无法朝爸爸想要的方向发展。

妈妈很着急："如果这孩子不愿意坐下来好好谈，别说拖延的问题无法解决，若科目不及格还得重新考，我真担心力瀚会一蹶不振……"

105

到底是拖延让力瀚没了自信，还是他因为没自信才拖延？这是鸡生蛋、蛋生鸡的问题，妈妈感到无比焦虑。

无论如何，这就像禽流感一样，是终究得面对的问题。鸡还可以扑杀，力瀚的自信可不能毁了。

孩子拖延，心理师这么说——
陪伴孩子面对问题

让我们陪着孩子一起面对问题，帮助孩子回想：过去有哪些事情是自己做到一半中途放弃的？过程中可以把范围缩小一点，这样比较容易回想。最重要的是，别忘了虽然他以前放弃了，但至少开始行动过。

请记得，与其让孩子沮丧、泄气（这并不能帮助他克服拖延），不如给予他所需要的最基本鼓励与支持。我们必须陪伴在他身边，让他知道，我们与他站在同一阵线上。

● 开口责骂？请稍候！

面对孩子的拖延，父母往往容易采取指责、批评、谩骂、惩罚等看似速成的教养方式。这么做也许一开始会有效果，但实际上，问题却没有被解决——拖延这件事，依然没有被正视；孩子到底想传达怎样的讯息，也未真正被理清。

关于如何让孩子动起来，应该是许多父母都想知道的事。有时，我们会在搞清楚状况前就先骂孩子一顿，这么做也许能让孩子受制于父母的严厉指责，而勉为其难地动一下，但效果终究无法持久。

试着理清孩子无法动起来的原因吧！这很重要。

拖延会给孩子的自尊与自信带来强烈的杀伤力，一点一滴消磨孩子面对事情的决断力，也会使孩子还未行动，就先产生畏缩、逃避的心情。因此，在抱怨孩子的拖延之前，请先想想如何解决眼前的问题，明确找出孩子拖延的主因，并理清核心问题。

● 敏感字眼的判断

孩子在听了大人的某些话后，可能会有很强烈的情绪反应，这多少也在告诉我们，某些字眼对孩子来说是种压力源。这时，不妨陪着孩子一起找出那些让他特别敏感的字眼，再想想看，对于这些字眼，他是如何解释、如何感受的？这个解释是否合理？这些字眼是否特别容易唤起孩子过去不愉快的类似经验？孩子是否过度放大了对这个字眼的感受？

与其告诉孩子未完成什么，不如给他一点反馈，提醒他已经完成了哪些事。

掌握哪些事还没做固然重要，但是当孩子陷入消极不堪的拖延，感到心灰意冷、没有动力时，不如先让他给自己一些肯定，让他知道自己没那么差劲（毕竟也曾完成了一部分的事）。

● 预防负向思考的侵蚀

负向思考很自然地存在我们脑海里，它和正向思考有时是并存的。有负面思考很正常，但是不能让负面思考理所当然地影响孩子的生活质量、学习状况、人际关系，甚至情绪。

在看待生活、面对事情时，我有个一贯的态度，就是"转念"——改变对事情的看法。

同样一句话，听在五个人耳里，可能会有五种不同的反应。我们可以列出 A、B、C、D、E 五种反应，让孩子思考不同反应背后的解释，也让他想想看，自己在同样的情境中会做出什么样的选择。

再次提醒，请多加留意孩子的负向思考，引导他以合理的方式对待自己。

除非他的某个负向思考能为他带来正能量，否则，这些想法会慢慢地影响他看待事情的方式，连带影响其行动力而更难跨出第一步。

● 让孩子接纳拖延的事实

在从事儿童青少年服务的过程中，很容易遇到的挑战是：孩子没有（或不愿）觉察、没有接受协助的动机、抗拒接受改变，或是非自愿性地被家长或老师转介进行协助。

要让孩子愿意改变，首先要让他接受自己拖延的特质。

没错，拖延不是好事，它可能使别人对我们的人格特质产生一些负面批评，让我们感到形象受损，或对自己产生厌恶感。但拖延是既定事实，唯有先接受了这个事实的存在，才有机会进行改变。

也许孩子对自己这样的特质不甚满意，甚至不愿面对，但是，蒙着眼睛、捂住耳朵、把头塞到洞里去，或者宁可盖上棉被呼呼大睡也不愿想起……这么做，问题还是在原地。除非勇于面对，否则无论是做地鼠、当鸵鸟，都无法让一个人恢复原有的自尊心。

若希望孩子维持良好的自尊心，让他勇于面对自己深陷的拖延问题是很重要的。陪着他一起勇敢面对、勇敢解决；让他知道，面对问题，能让别人知道他正在努力改变。而当他克服了拖延，也将有助于别人重新以不同的方式看待他。

• 从跌倒处站起——自尊心的重建

孩子因为拖延而造成自尊心受损时，唯一的恢复方式就是让孩子不再拖延。

是的，维护自尊心的不二法门，就是把造成自尊心受损的关键原因揪出来。在这里，解决拖延就是那个关键。

跌倒了，要不要在原地爬起来？每件事的情况不尽相同。如果今天是因为拖延而把自己绊倒，导致受伤、内心感到挫折，甚至使得自尊心有了凹痕，那么要重新将自尊心"烤漆"的办法，就是在原地勇敢站起、克服拖延。

家长们不妨告诉孩子：他人的批评、指责确实总是让我们感到不舒服，所以更应该回头看看，造成自己如此不舒服的原因是什么。

如果拖延的证据就摆在眼前，唯一的办法就是让拖延远离自己。否则，再怎么不想听到别人以某些字眼刺激自己，这样的声音还是会一直存在。

孩子的自尊心、对自己的喜爱程度，是一点一滴慢慢形成的。这也是为什么我说父母要很积极地协助孩子面对其拖延的坏习性。只要让孩子的拖延获得改善，其自尊心就有机会昂然升起。

让孩子产生"我有能力可以完成"的想法，让他去感受实际完成某件事所为自己带来的正面力量。当他完成了一件事情，有了小小的成果，这个踏实的经验将使他心里自然而然浮现满足感与成就感。

● 成果展示——自信心的重建

把孩子完成的事情展示出来，给他一种"我做得到"的自信。

让孩子借由亲眼看见自己完成的事务被展示，来告诉他自己："我终于做到了，而且做得很好!"进而产生一种"动起来"的力量。

这样的自信需要一次又一次被展现出来，而不只是喊喊口号。让他知道，因为有他的行动、演练与努力，也因为他对自己负责，所以出现了这美好的结果。

"相信自己做得到，看见自己真的做到了"，这样的自我反馈非常重要。

无论如何，孩子并非所有事情都拖延。从他曾经成功做到的事务上，寻找并分析能让孩子立即动手去做的关键元素。就算只是细微小事，都能让人在心中产生"我也可以!"的力量。因此，不妨让孩子从细微处开始，慢慢记录他曾经完成的部分。

接着，像打砖块游戏一样，将"拖延"砖块一个个打下来，当你听到砖块碎裂的声音，代表孩子的自尊心也将被唤醒，因为他做到了，真的做到了。

现在就从与孩子自己切身的事物开始，详列出能让他行动的关键吧！

7 强迫症引发的拖延，
怎么"治"？

↓

解决核心的焦虑问题

"哲惟，都几点了，你还在磨蹭什么？再不去上学又要迟到了。你都被记多少次警告了？"妈妈已经受不了哲惟长时间占据着浴室，这现象已经持续了好几个月。

妈妈实在搞不懂，哲惟每天到底都在浴室里做什么，"你当自己杨贵妃啊？洗澡洗那么久，就算是贵妃也该出浴了吧？还有，为什么每次都选在出门前霸占浴室？以为别人都不用上洗手间吗？"

这些话听在哲惟耳里，只有满满的委屈，其实他并没有在浴室里享受泡澡，但他也很清楚，自己脑袋里那些不合理的想法，实在不能说出口。因为没有人会相信，而且说出来一定会让家人嘲笑，但他确实因此而一直无法顺利走出浴室……

辅导老师是哲惟唯一的宣泄窗口。

"你要说我心里面不焦急、不紧张吗？我也很想赶快出门啊！谁想要每天被门外的妈妈不断唠叨？我也很痛苦啊，何况因为迟到而被记了那么多次小过和警告……"哲惟无奈诉苦。

辅导老师很欣慰哲惟愿意信任自己，说出这些积压许久的内心话。老师知道，当哲惟愿意说出口，这些他所面临的疑似强迫症倾向就比较容易改变。

"外面空气污染那么严重，到处都是紫爆！我也知道这些地方已经洗过了，但是过了两三分钟，我就觉得身体又脏了。这真是没完没了的噩梦，我甚至把皮肤洗到都红肿、发炎了。"

辅导老师点头表示理解。

"我妈常抱怨我爱拖延，其实我也不想这样。老师，你应该知道我的问题出在哪，世界上可能只有你了解我了。他们一定都觉得我疯了！"

以专业伦理来看，辅导老师认为有必要让哲惟的父母了解孩子的情况，以免让孩子独自面对这样的痛苦。甚至，必要时也可以进一步寻求医疗上的协助。

114

孩子拖延，心理师这么说——
同理强迫症①带来的干扰

患有强迫症困扰的孩子，在日常生活中往往会伴随拖延的现象。造成拖延的原因，主要是花了太多时间在重复强迫行为，而没有办法专注在当下应该做的事情上。

例如，面对眼前的作业、报告，孩子可能会花两三个小时在特定的字句上，不断地检查再检查，最后因为花费太多时间而延误了后续该做的事情。

该做的事情一直无法做完，往往会造成孩子更加焦虑，此时他的"强迫思考"就会再度出现。"强迫思考"出现了，就会同时诱发孩子的强迫行为。

于是，孩子会像循环般，不断盘旋于特定字句，一点一点地将时间浪费掉。

---

① 强迫症（Obsessive Compulsive Disorder；OCD）是焦虑疾患的一种，主要包括强迫思考与强迫行为。其中，强迫思考常令人无法控制。某些书面或想法会反复在当事人的脑海中浮现，并为其带来高度的焦虑与痛苦。

● 解决核心焦虑，减少强迫行为

【第一步】找出压力源

面对强迫症与拖延的关系，首先要观察孩子对于压力的适应与调适是否有所改变。

每个人面对压力所呈现的反应不尽相同，以强迫症的孩子来说，当压力出现的时候，很容易让他的强迫思考更加强烈，出现的频率也越高。同时，唤来更高度的焦虑。而为了缓和这些焦虑，其强迫行为也会更常出现。

虽然不断重复进行一些不具功能的行为可以短暂缓和焦虑，但是无形中也消磨了许多时间。这些被耗损掉的时间，又会反过来再造成当事人的压力。最后形成一个恶性循环，使当事人像陷入无底洞般感到痛苦。

试着找出孩子的压力源。在探究孩子的压力源时，许多父母可能会希望孩子自己说出来；事实上，我也常听见父母抱怨："孩子不说，我怎么知道他有什么压力？"然而这样的态度，对于孩子的强迫行为并没有帮助。

【第二步】寻找稳定情绪的保护因子

找出压力源后加以调整，将是改善孩子强迫症的主要关键。

116

与其等孩子开口说，不如换个方式，观察孩子在怎样的情境下不会出现强迫行为（在这些情境下，孩子的情绪是相对平稳的），再试着从中找出能稳定其情绪的保护因子。

能让孩子保持稳定的因子可能是：足够的睡眠质量、同学的支持与陪伴、父母亲切与友善的互动，或是孩子本身擅长的事等。

【第三步】逐步减少重复行为的时间

强迫症的孩子往往会不合理地过度担心、放大后果，或是有"如果我……就会……"的想法。

每个人的强迫思考不尽相同，有些孩子的强迫思考总是和"是否保持干净"有关，这时关于细菌、卫生、疾病、死亡等关键词，就会被不合理地联结在一起。

他可能会认为，如果身体没洗干净，就会因为病菌导致健康问题，接着传染给家人，甚至造成死亡。也许他自己也知道这样的想法不太合理，却还是控制不了这样的想法出现。

现在，我们要设法让孩子了解：即使不做某些强迫行为，他原本所担心的事情也不会发生，所以他得重新调整那些不合理的强迫思考。

面对强迫症孩子的拖延问题，我们能以渐进式的方式让孩子逐步做些改变。例如，原本洗澡时间需要一个小时，现在将时间设定在四十五分钟，时间一到就一定要离开浴室；只要洗完澡，当天就不能再回到浴室洗澡。

在这少掉的十五分钟里，孩子可能会出现高度焦虑的反应。但是为了让他的强迫行为逐渐减少，必须坚持这样的规则。

● 注意力转移——缓解被限制强迫行为的焦虑

在孩子因为被限制进行重复行为而焦虑时，不妨陪着他做些能缓和压力的事，例如听音乐、闭眼休息、画画、散步或聊聊天等，让他在该时段里放松下来。同时，也让他知道，少了这十五分钟的洗澡时间，并不会发生他所预期的恐怖后果。

像这样，转移强迫症孩子的注意力，让他从事其他比较能放松的事情，可以避免他的注意力窄化、总是聚焦在原有的强迫思考上。

而当他缓和了焦虑的情绪，强迫思考就相对缓和，强迫行为也会降低，原本因强迫行为而拖延的时间也会跟着缩短。

再次提醒：孩子因强迫症而造成拖延，他自己也是情非得已。这是因他的焦虑所引起的，所以爸爸妈妈们请留意，别让你的误解与责难反应，成为孩子的另一种压力源。

8 别当滥好人！
谈孩子的"老好人式"拖延

↓

合理拒绝的必要性

良叡这孩子对自己太有信心了，总以为能把其他人交代的事情一一解决。然而，他包山包海，就是不包质量。对于班上任何活动、同学的所有请求，他都像个村长般一概承揽下来。

良叡很清楚，因为自己不善于拒绝的个性，总是将许多事情揽在身上，才把自己搞得分身乏术。虽然也想拒绝，却不知该从何拒绝起，更担心朋友会因此觉得他小气。

对所有事情无不承接的结果，就是笔记本上记了密密麻麻的待办事项。原本应该属于自己的时间，却被大量的别人的事给严重压缩了。

曾有同学形容，良叡的状况，就像一家仓促开业的餐馆，大张旗鼓让客人免费试吃。身兼大厨和招待的老板，因为担心客人来不及用餐而仓促上菜，结果不是菜没洗干净，就是饭没煮熟，使得顾客们对这家店的印象大打折扣。

翻开良叡过去的记事本，十之八九都是在时间紧迫下草率了事。这点让同学们颇有微词。但毕竟是"免费服务"，同学们也不再多所苛求。

"你一定要让自己忙成这样吗？"看着良叡每天处理着过量的事情，妈妈终于忍不住了。

"唉呦，这也是人家看得起我啊！能者多劳，能者多劳啦！"

"尽忙别人的事，老把自己的事放一边，这是哪门子的能者多劳？先把自己的本分做好。哪天被你爸骂了，就别怪我没提醒你！"

其实，妈妈也不想一味苛责良叡，热心助人多少能为他的人际关系加分，也是好事一桩。但妈妈心里满是疑惑："良叡真的有这么热心吗？还是单纯因为不知道怎么拒绝别人，或者，有其他难言之隐？"

妈妈既担心孩子被占便宜，也烦恼孩子对自己的事尽是拖延。此刻，良叡傻乎乎地又在帮同学组装变形金刚，她只能摇头叹息。

孩子拖延，心理师这么说——
了解时间总额的概念

做一件事情，需要花一定的时间；做很多事情，当然就需要花更多的时间。而我们都只能在有限的时间内，做有限的事。

像良叡这样的孩子，他必须先搞清楚"时间总额"的概念，并仔细问问自己："我有多少时间？"

有多少钱就做多少事，当我们预支了现金，高额的利息将会让我们吃不消，所以得把钱花在刀口上。对于时间，也是同样的道理，拖延同样会让人"利滚利"。而事实上，时间也不会让我们预支。

让孩子自己判断：现在有多少时间？能做多少事？再学着谨慎承接任务，才能每件事情中游刃有余，不至于耽搁了该做的事。

每个人的可支配时间不尽相同，但能使用的总额时间都是一样的。所以要去芜存菁，去除不必要的、超出自己能力范围的事，尽量让事情少一点，让时间多一些。

● 别让孩子成了过江泥菩萨

有时，孩子很容易高估了自己运用时间的能力。当他承揽了太多事情而无法维持一定的质量时，不仅有损信用，周遭人们对他的评价也会大打折扣。

别让孩子承接太多他人的事，莫名其妙陷入泥菩萨过江的窘境。他必须学着说"No"，别像我，到了四十岁耳根子才硬起来。

我常笑说："脸皮厚一点，心脏就会强一些。"适度提出拒绝，虽然会感到不好意思，却能让自己多出一点时间，而不至于总是忙得团团转。说"No"的艺术，让孩子从小开始练习吧！

● 就事论事，勇敢说 No

孩子要向周遭朋友说"No"，其实是需要很大勇气的。这也是许多人的顾虑，担心说了"No"，就会破坏自己在朋友心中的印象。

孩子的这份担心是很真切的，我们当然得先去理解孩子的心情。然而，从理性角度来看，还是得试着让他就事论事，让他理解："拒绝委托"和"友谊的维系"是两回事。如果朋友因为被拒绝而否定彼此的关系，那么是否真有必要维持这段友谊也令人存疑。

孩子在面对拒绝邀约这件事上，总是容易陷入两难——要违背自己的意愿答应对方，会感到为难且不好受；要拒绝，又担心对方不谅解，伤了彼此的感情……这时，不妨告诉孩子："你的顾虑很自然，但请给自己'拒绝的勇气'。"

提醒孩子，他拒绝的是"这件事"，而不是"这个人"。也许那位被拒绝的朋友心中会有些许失望与抱怨，但是，相信真正的朋友都能了解他的立场和感受，选择释怀并接受。

● 勇敢说 No 三部曲

关于"拒绝"这门艺术，让孩子练习采取三段式回应：

1. 感谢对方的请求。例如："我很高兴你这么看重我的能力，让我感觉很骄傲。"

2. 清楚表达自己的想法。例如："但是很抱歉，你知道的，我还有很多事情没做，我需要一些时间把该做的事情完成。这样我比较没有压力，也不会被爸妈催促。"

3. 最后，理解对方的心情。例如："没能帮得上这次的忙，可能让你失望了。希望你能找到下一个帮助你的人。"

当对方提出的请求总是被拒绝，他再主动上前寻求帮忙的频率就会下降。

另外，也可以换个方式婉转拒绝，例如："关于你的问题，我们可以一起想想如何解决。"只要给予善意的回应，我想，贴心的朋友还是会觉得我们是个"够意思的朋友"。

9 当孩子"非做完不可"，
怎么办？

↓

执着与弹性的巧妙拿捏

"我实在不懂，为什么婕玲这孩子'使命必达'，你们夫妻俩也要头痛？"凤仪望着婕玲妈，继续说：

"你们交代的事情她都做得很好，甚至有很高的自我要求。许多爸妈求之不得，你们还有什么好烦恼的？"

"凤仪，你说得没错，婕玲对自己的行为是很尽责的，这我们不担心。但是她的自我要求实在太高了，让她常常处在焦虑、匆忙的状态。"

"我常常要她放慢点，别急，但这孩子就是想要一口气把事情做完……"婕玲妈担心地说。

"一次到位，有错吗？"凤仪搅拌着眼前的曼特宁咖啡，汤匙轻轻碰撞杯子，发出清脆的声响。

"有时候，我们急着要出门，她却无论如何都要先把作业写完。但是等她写完作业，我们大概也不用出门了。"

"我一直跟她强调，事情有轻重缓急，先出门吃个饭，回来再写都还来得及。她就是听不进去……"

"孩子想要把分内事做完，很负责任呀！"凤仪有些疑惑，"哈！现在的父母真是让孩子难做人了。主动也不是，被动也不行。"

"凤仪，你别消遣我了。"

看到婕玲妈仍为女儿的事情愁眉苦脸，凤仪赶紧接着说："大部分爸妈都在烦恼自己的孩子会拖拖拉拉，结果你家婕玲非做完不可也让你们烦恼。只能说，这年头做父母、当小孩都很困难。这么说，公平吧？"

"不过，我真羡慕你有这样的小孩，真是太尽责了。"

"婕玲这孩子真的很听话，但我很担心少了变通能力，她以后要面对复杂的社会，会有很大的挑战。"

"唉，反观我们家那个哲生，总是拖拖拉拉……不然，跟你交换小孩算了！"这一说，婕玲妈扑哧笑了出来。

"凤仪，你舍得把哲生让给我？"

"那你倒是说说看，婕玲是怎么训练的？"

"怎么把我说得像在训练宠物呀！"

"好啦好啦！你家婕玲这种顺从、尽责的特质是如何培养的？这样总可以吧！"

孩子拖延，心理师这么说——
灰色地带之必要

"极端固执"常发生在泛自闭症孩子身上（例如自闭症、亚斯伯格症），这类型的孩子一般明显缺乏弹性。当然，这并不表示文章中的婕玲就是泛自闭症孩子，因为泛自闭症还会牵扯到沟通表达与社会能力等问题。

这里要聚焦的是"弹性与应变"的议题——孩子能不能给自己一个通融、模糊的灰色地带？

而所谓模糊、灰色地带该如何拿捏，是个艺术。

我们的最终目的是，要让孩子在不影响自己、伤害自己和他人权利，且不逾越社会规范的尺度下，拥有弹性空间。

126

• 肯定孩子的责任感

和孩子沟通时，请先跳开想要直接改变他的信息。这很容易让孩子直觉认为自己可能做错了什么。

孩子当然没有做错事情，我们只是希望他可以更有弹性一些，对于突发状况有多一点的转圜空间。

因此，不妨先针对孩子"想要马上完成"的动机，以及对自己负责任的态度给予肯定和鼓励。

• 以"我"作为沟通起点

让孩子觉得大人总是将错归咎于他，不仅会坏了双方的心情，更可能造成孩子日后拒绝沟通、互动与对话的行为。

先从"我"开始，与孩子沟通。例如：

"因为待会儿要出门，我担心外面会塞车，无法准时赶上用餐时间。能不能先把作业暂停一下，我们回来再完成?"接着可以再加上一句："这么做可能会让你感到不自在，真抱歉。"

像这样，以"我"为开头的亲子沟通，除了能充分表达父母自己的想法与感受，同时也能预防父母本身出现指责、批评、纠正、谩骂的语句。例如："你怎么老是说不听?""你能不能不要这么固执?"

● 问问孩子：为什么想要完成？

孩子主动想完成某件事当然是好的、值得鼓励的，但也不妨让孩子说说看，为什么非要完成那件事不可？

听听孩子的想法，让我们有机会更了解他，也借此观察在他的想法中，是否存在太牢不可破的固执。

先别急着生气，因为这可能会让孩子觉得爸妈有些莫名其妙，也在心里产生疑惑："为什么我努力想完成一件事情，却会被爸妈责备?"

● 判断事情的轻重缓急

协助孩子分析哪些事情是紧急的、重要的，以及这些事情各自需要花费多少时间与心思。让他知道，写作业这件事固然很重要，但是，有时其他事情确实有其迫切性。而且一旦错过了，就无法重来了。

一般来说，重要的事情需要花费的时间会比较长，且更耗费脑力，但在时间上可能会有些余裕能让孩子慢慢琢磨。而紧急的事情则有其迫切性，得在某个时间内及时完成。

引导孩子透过适当的取舍，先把眼前"紧急"的事情完成。他会发现，自己接下来还是有足够的时间能继续做其他"重要"的事。

● 排列各种解决的弹性

要松动孩子对某些事情的执着，平时可以和孩子一起练习每件事情的排列组合与弹性顺序。

让孩子知道，面对眼前 A、B、C 三件事，只要能在时间内完成，那么，无论是 A B C、B C A、C A B，还是 C B A、A C B……每个顺序都是可行的。借此让他练习多点弹性。毕竟大环境存在许多不确定性，他总有一天会遇到那种不得不"插队"先完成的事情。

● 打破"一定"的铁律

孩子有"现在一定要完成"的想法，而且有能力在适当的时间内完成，当然是非常理想的状态。问题是，孩子是否能暂时放下手上正在进行的事，打破"现在一定要完成"的铁律？现实生活中一定会有各种状况出现，例如临时得出门，或需要先停下手边工作去洗澡等。

"一定要把它完成"的想法无关对错，但我们可以试着去理解、理清，孩子之所以有这样的想法，是想传达什么讯息？他自己又是如何看待这个想法的？

如果中途暂停会让他感到不安，不妨和他一起思考，这份"不安"是如何形成的？他在担心什么？他所顾虑的事情，一定会发生吗？

● 在特定范围内提供选择

让孩子二选一，借此间接说服他停下手边的工作。

举个例子，如果6：30要出门，孩子得先暂停计算手上的十个数学题目。这时，我们可以告诉他："你可以选择先写到第五题，或是第八题。"或问他："要写到6：10分，还是6：20分？"像这样，让孩子在两个选项中选择一个方案。

这么做，除了能维持我们的坚持（孩子必须在我们制定的某个范围内做出回应），也能同时释出选择权给孩子。让他依自己的意愿做决定，有被尊重的感觉，而那个"非做不可"的固执性也较能松动，进而接受大人的指令。

130

要留意的是，给出太多选项容易让孩子不知所措，或因为无从决定而感到焦虑。因此，每件事情只需要提供二到三个有限的选项，会较为适切。

克服拖延

最省力教养

第三部

▶ 建立良好互动与生活公约 ◀

1 为什么孩子
"敢" 拖延？

↓

适时提醒拖延的代价

倩文妈不希望婆媳间容易出现的冲突问题发生在这个家里，所以总是视婆婆为亲生母亲，这让她们婆媳俩维持了一段相安无事的时间。

然而，为了倩文的教育问题，婆媳俩的关系逐渐产生了裂痕。

"倩文根本不吃她妈妈那一套。说归说，最后还不是她妈妈把事情揽起来做？管不动呀！"婆婆在电话里和大姐的对话，让倩文妈听了很不是滋味。"这孩子的个性也是很糟糕，我看还是要等她爸出差回来才治得了她。"婆婆像看热闹似的，越说越起劲。

"倩文才小学四年级就每天东摸摸、西摸摸，常常搞到半夜十二点还没睡。这就算了，该做的事情也没做。从小就这副德行，以后还得了？

"看我以前把你们教得多好，哪个人敢不听话！现在的小孩一个比一个淘气，都是爸妈不会教育的关系！"

婆婆的一番话让倩文妈着实委屈，忍不住开口打断。婆婆一边斜眼看着倩文妈，一边往房间走去，这让倩文妈更加认定婆婆是在故意气她、嫌她，甚至在背地里说自己闲话。

"这是我的家务事，为什么婆婆要像广播电台一样到处放送、让我难堪？"倩文妈觉得婆婆把自家里的教育问题当成八卦内容谈论，感到羞愧不已。

"我儿媳妇明明没工作，只是照顾我那唯一的宝贝孙女都做不来……"

"唉呦，倩文这孩子吃定她妈妈啦！"

"以前我可是带了三个孩子，哪个敢像倩文这样拖拖拉拉的？"

"可别让我这奶奶出马！"

类似的话语传到倩文妈耳里，让倩文妈对婆婆产生一股怨念。但是基于道德与伦理辈分，她这个为人儿媳的也无法跳出来指责婆婆的不是。

"为什么倩文老是拖延？为什么她总是不把我的话当作一回事？"尽管对婆婆的说词有所不满，倩文妈的心中也有着满满疑惑。

孩子拖延，心理师这么说——

拖延，消极反抗的展现？

有一种拖延，是孩子为了抗拒大人交代的事情，而以敷衍的方式来延迟被指派的任务。我们可以透过观察孩子在被交代一件事情时，是否表现出消极反抗的态度，来理清孩子是不是属于这类型的拖延。

所谓消极反抗，指的是在我们交代孩子做某件事之后，他就开始东摸西摸；没有特别交代什么事时，他却能表现得非常专注。

如果有这样的情形，可以思考一下，孩子反抗的理由是什么？

● 我叛逆，所以我拖延？

许多父母可能会发现，越叫孩子做某件事情，他就越反其道而行。对于交代的事，我们越提醒，他就越不做。

孩子总会说"想要做自己""想按自己的想法行事"。面对这样的状况，我们就该思考，如何避免孩子有这种理所当然、"想干吗就干吗"的心态。

孩子的拖延有时是在试探大人的底线，这和社会性掌控有关；有时则是因为处在叛逆阶段，只想做自己的事，而这多少也是他宣示自己想要长大的方式。

孩子有天可能会对我们提出一个又一个的疑问，像是："为什么不能做我感兴趣的事情？""为什么我不能满足自己的需求？""为什么一定要听你的话去做事？""我对那些事没兴趣，也觉得那很没意义、很无聊，有错吗？"这时，不妨让他了解一个观念：每个人活在世界上，处处与他人有关联，不可能独立生存，当然也就不能"想干吗就干吗"。当他对周围人们有所求，就等于需要别人的支持与协助；同样道理，面对他人的请求，也应有同等的回应。

父母可以体谅、理解孩子想要独立、长大的心情。每个人都想做自己，但是不管怎样，我们都还是处在这个社会脉络里。很多事情都需要有所取舍，而不能任由我们恣意妄为。

• 为什么孩子"敢"拖延？

其实，"敢"这个字隐含了亲子关系被定位在"上对下"的模式。有些人可能会对这般阶级性的关系感到不以为然，然而，"上对下"的关系有时是适用于某些特定情形的，例如孩子不去完成他应该做的事情时。

有时，管教孩子的最大挑战之一，来自孩子的社会性掌控、对立与反抗。当然还包括我们要孩子承担的责任没有产生效果，才使他总是对我们的要求无动于衷，将事情一再拖延。

那么，孩子不想做、但又非做不可时，到底该怎么办？

在孩子无法强迫自己去面对某件事的情况下，由父母、老师给予适度的强迫，也可以构成一种驱动力。

这里强调的"上对下"关系，倒不是要孩子怕我们。而是，当孩子还在"他律"阶段，仍需要透过大人的监督、陪伴，慢慢修正行为模式，进而养成习惯。孩子是需要被管、被教的，他要遵从指令，并为自己负责。

● 进行疑问式分析

如果孩子总是对父母的话不为所动，建议好好针对孩子处理事情的态度与做法，进行彻底的研究与分析，一步步找出核心问题与症结所在。观察看看：

同一个指令，换成不同的人来说，会不会有不同的结果？

同样一句话，由爸爸、妈妈或老师来说，有什么差别？

若是在不同的时间点提出，或是要他做别的事情，他会不会有不同的反应？

同时，也可以观察看看，如果孩子对我们的话不为所动，那当下他在做什么？为什么我们允许他去做那件不是正事的事？为什么孩子不去做那些真正应该做的事？

● 拖延的代价

如果在过去的经验里，拖延并未带来什么严重的后果，孩子当然就会放任自己一再拖延下去。因此，孩子需要知道"不去做某件事情背后的代价"，让这个代价在他脑海里不断放大再放大，最好大到能对他产生惊吓的作用。

不过，要留意的是，孩子可以拿没有完成某件事会引来的后果来吓吓自己，但别拿眼前的事情来吓自己。

我常常在想，为什么孩子们明知某件事情如果没做，可能会给自己带来很大的困难，却还是一再放任自己拖延下去？难道是他们真的天不怕、地不怕？或者，其实是他们对眼前的事情过度惧怕了，因而产生畏缩退却的心，迟迟不敢动身？因此我要再次强调，我们要让孩子引以为戒的是拖延的后果，而非眼前这件待办的事务。

● 坦然修正教养模式

你是否总以"要求"的方式在跟孩子对话呢？请留意，这样的互动很容易让孩子产生一种要和对方分出胜负的感觉。

我常说："孩子了解我们，胜过我们熟悉他。"因此，在拖延这件事上，如果父母对待孩子的模式没有改变（不管是轻易对孩子妥协，还是不了解孩子在乎什么、讨厌什么），就很难让他知道拖延可能带来的后果，孩子也会更加觉得"迟一点也没关系"。

有时孩子的某些反应可能会让我们既尴尬又难堪，特别是当孩子只听 A 的话而不听 B 的话，而自己却老是那个 B 时。例如孩子只听爸爸的话，而不理妈妈；或是老师说的话立刻就去做，妈妈说的话则慢慢拖、甚至不做……

若有此情形，与其抱怨孩子不给面子，不如反过来思考：我还可以如何修正教育方式？没错，这句话不太中听，但是，必要时请先修正自己的教育模式。

● 建立良好互动

父母都想"管"、"教"孩子，会认为在面对孩子时，得具备一定的"高度"。于是以高高在上的姿态，要孩子听我们的话、依我们的想法行事（最后却总是事与愿违）。

当父母放大音量、板起脸孔、拉高姿态时，孩子可能会有两种反应。

一是虽然听从了父母的要求，却也同时产生畏惧。如此一来，想要有"亲密"的亲子关系就会有困难，因为孩子平时总是很怕父母，能离多远就离多远。

另一种则刚好相反。孩子完全不吃父母那一套，甚至以更强烈的方式唱反调，反抗父母的指令。而父母为了维持自己的基本尊严，只能坚持下去，不计成本地持续加码——音量加倍、脸更僵硬、动作更剧烈、姿态调高到几近天边……

无论是哪一种亲子互动，都会让彼此疲惫。夜深人静时，心中总有着无限的沮丧，不知道为什么关系会"搞"成这样。

我常说，叫不动孩子时，就陪他玩吧！在现实中，我经常有感于"建立亲子关系"的重要性。

对多数孩子而言，"玩"是一种强效的关系建立黏着剂。所以我总笑说："如果你愿意陪孩子玩，请说些好玩的事，带他去好玩的地方，或带好玩的东西给他，对于促进亲子关系都会很有帮助。或者，你本身长得很好玩也可以！"

这不是要家长们去讨好孩子，而是透过"玩"，让关系得到润滑的效果。很神奇的是，当孩子觉得好玩，你所说的话、交代的事情，他都听得进去，也不会出现拖延的情形。

● 从拖延中觉察自我

探究拖延，可以说是对一个人的内在予以分析的一个过程。因此，我们可以借由观察孩子的拖延，来了解他都是以什么样的标准来看待别人与自己的。

同时，也让孩子练习觉察自己的身心状态、和周遭事物的关系，并观察自己信守承诺、自我要求、自律的能力。在这过程中，孩子也将慢慢学会了解自己。

2 为什么有些事情
孩子就是不肯做？

↓

谈孩子的选择性拖延

又到了令妈妈焦虑的一刻。

每逢丈夫进入"赶工"状态，全家的气氛就会顿时陷入低气压。书房方圆几米内，都得保持警戒状态，妈妈也得把孩子们都赶到主卧室去。

"你们安静点，别吵到爸爸，他正在赶报告。"

"妈妈，报告又不是羊，怎么赶?"嘉珍童言童语问着。

"妈妈，为什么爸爸不早点写? 拖到火烧屁股了。"嘉明刻意拉长了"拖"字。连嘉珍也模仿起来。

"嘘！安静，不要吵到爸爸做事。"妈妈眼神瞄向书房，又转身对嘉明说：

"你还敢说，你自己不也是老拖拖拉拉？"

"大人，冤枉啊！"嘉明刻意做出夸张的动作，好像要到衙门诉尽冤屈般。惹得嘉珍也大笑不止。"我可不是每件事情都拖，这要视情况而论啊！"

"视情况"这三个字，让妈妈眉头深锁了。其实嘉明说得也没错，他不是每件事情都拖着。书房里的老公也是如此。让妈妈深感困惑的是：到底是视什么情况？标准和原则在哪里？

书房外，仍然蔓延一股低气压。妈妈可以感受到，房里的老公正焦头烂额着。如果无法在截止日前赶出报告，可就完蛋了。

"每次都这么赶，为什么不提早做？"妈妈在心里嘀咕。但是这些话只能先藏在心里，得等丈夫把案子赶出来，警报解除了，才能选个良辰吉时提出来沟通。

当然，"视情况拖延"的嘉明也得加入讨论。

孩子拖延，心理师这么说——
解析“选择性拖延”

唯有了解问题的核心，才有可能真正解决问题。

事情摆在那边，当然不会自己解决，除非有人帮忙完成。一件事情搁置再久也不会被当事人遗忘，反而会盘踞在他脑海里，占据许多心思与时间，甚至会使一个人对自己产生厌恶感（我自己也常为这样的自我厌恶感到困扰）。

不论大人或小孩，都难免会想选择性完成某些事，其余则一律搁置，或摆进记忆的冷冻库里。而在做与不做之间，一定有其心理因素存在。

究竟为什么有些事孩子会主动完成，有些事情却搁置不做呢？

我们不妨举出日常中分别让孩子想做跟不想做的例子出来，和他一起找出两者的差异，加以比较、分析，找出造成他拖延的原因。

接着，孩子得想想看，为什么他在面对不同的事情时，会有如此不同的态度与意愿？以及，在“想做”与“不想做”之间，到底是什么在左右着他？

把那些会使他想要“使命必达”的事情一一记录下来，这也将会成为他给自己的一种反馈。

另一种选择性配合而引起的拖延问题，则主要是基于孩子对不同的人有不同的反应模式。有些妈妈可能会觉得孩子只听爸爸的话，却不把自己说的话当一回事，搞不懂为什么孩子会有这样的"差别待遇"，进而感到疑惑又沮丧。

● 正视不欲人知的一面

明明有些事情，我们能顺利在指定日前完成；有些事情却始终搁置，任由时间经过，还是不愿去触碰。即使知道那些事并不难，但就是不愿意有个开头……每个人多少都会拖延，只是这有瑕疵的部分，平时不会想让别人知道。

我们向外人展现的，通常是自律、美好的一面；我们也总是强调自己"使命必达"、负责任与遵守承诺的一面。心里那一小块阴暗、可能有损别人对我们自己的评价的那部分，则会很自然地被掩藏起来。只有当事人自己知道那个角落的存在，这个角落会让人对自己产生厌恶感，因此不断在心里产生负担。

要避免孩子陷入这样的困境中，最好的方式还是陪着他面对，一起思考让他不愿去做的原因到底是什么。

让孩子知道，正视自己的拖延问题，其实也是在对自我心理状态进行更进一步的了解。在克服拖延这个坏习惯的过程中，也能整理自己的想法、情绪以及行为模式。这将会改变他对一些事情的看法，也能改善周遭人们对他的信任问题，以及他个人解决问题的能力、时间管理的效率与情绪管理的掌握等。

3 面对孩子的"等一下"，
我该妥协吗？

↓

给予明确的责任区与说话用词

"所有客服人员都在忙线中，请稍候……"

妈妈已经受不了电话另一头，不断重复的这句话。贴着话筒的耳朵开始感到燥热。

"我打这通电话不是要来听这句话的！"妈妈不耐烦地对着话筒大声说。听到电话那端传来音乐和一再重复的话，心里烧起熊熊烈火。

妈妈想起自己以前从事秘书工作时，多有效率。每次跟对方说：

"请稍候。"不到十秒钟就能给对方回复，现在的服务专线却永远停在语音留言，一点效率也没有。

"已为您转接客服人员……"妈妈用力挂上电话。

"请稍候"这句话之所以让妈妈如此厌恶，也是因为它让妈妈想起老是把"等一下"挂嘴边的瑞升。

"瑞升，你洗澡了没？"

"等一下！"

这三个字魔音传脑般，不停回荡在耳边，让妈妈立即不耐烦起来。

"等一下、等一下……到底要让我等到什么时候？"妈妈以高八度的音调反问。

每回瑞升说"等一下"，都不只是等一下。按字面上意思，孩子应该过不久就去完成该做的事情，但瑞升的"等一下"，却总像是在告诉妈妈："这件事就交给你了，自己做吧！"让妈妈感觉像是客服专线那句极不友善的"请稍候"。

妈妈渐渐觉得，瑞升的"等一下"只是推托之词。

但若问他："等一下？那我要等多久？"瑞升就会顿时火爆起来，嚷嚷着：

"我不是说了等一下吗？干吗一直催我，烦死了！"

母子间的冲突常因此一触即发。那句"等一下"总能在一瞬间点燃战火，让妈妈很是揪心。但是，妈妈实在不想眼睁睁看着瑞升的拖延恶习持续下去。

"再等下去，这孩子的自律、对别人的承诺就要瓦解了。"

"再等下去，以后进入社会怎么办？谁愿意等他？"

"等，还是不等？"这问题不断在妈妈脑海里盘旋。像钟摆般，无尽地摆荡着。

孩子拖延，心理师这么说——
划出清楚的责任范围

想想看，在你交付孩子的待办事项中，存在多少"强迫"的成分？请留意，这往往会让孩子在心里产生抗拒，而不愿去处理你要他做的事情。

不过，有时是孩子本身易有"被强迫"的主观感受，其实父母们的要求多半都还在合理范围内。事实上，没有人喜欢被强迫，但有些事情就算孩子不想做，也不能放任他为所欲为。例如，有的孩子会懒得去洗澡，要他洗澡总是拖拖拉拉，父母得采取幽默好玩的方式，才能诱导孩子进入浴室。

但是，这种透过游戏建立生活习惯的模式只适合学龄前的孩子。

150

进入学龄的孩子终究得适度运用强迫的方式，让他能立刻准备好盥洗衣物、进到浴室（只要顺利让孩子打开莲蓬头、洗了头，他就能接着洗完身体）。

有些孩子会不断告诉父母："不要强迫我做任何事情！"那么，是否孩子就能想干吗就干吗，完全按照他的意愿行事呢？答案当然是否定的。

在沟通上，建议可以和孩子一起列出属于其责任范围内，他有义务去完成的事情。让孩子了解，虽然其他事情更具吸引力，但他还是得去面对眼前这件该做的事（即便那可能是会让自己焦虑，甚至厌恶、想要逃避的事情）。将责任区划分清楚还有个好处，就是孩子将没有推卸责任的空间。

● 精准的时间用语

孩子很容易暗示自己："只是稍微休息一下，做点别的事情，没关系的。我马上就回来。"这里的"马上"看似很具体，其实对孩子来说还是非常模糊的概念。

因此，父母不妨和孩子约定好，除非真的能立刻回来做那件他该完成的事，否则与其说"马上"，不如清楚地确立一个不能改变的时间，例如"五分钟"。

当然，这么做可能还是会有孩子不断把这个五分钟自动展延，从五分钟变成"再五分钟"。然而，这个"再五分钟"的自我妥协，将会让孩子把时间无止境地耗费在不该做的事情上。这点父母不能不留意。

● 不经意传达的"不在乎"讯息

不管大人、孩子，人人都爱说"等一下"，却不爱听到别人说出这句话。

想想看，当一个人脱口说出"等一下"，究竟要传达什么讯息？

有时，父母容易对孩子的提问表现出不太在乎的样子，甚至因为想敷衍了事而以"等一下"三个字来摆脱孩子的纠缠。日子久了，孩子也以同样的方式来回应。

这并非源于孩子的报复心态，而是一种完全的仿效。

有时父母甚至会告诉孩子："以后再说。"这句话几乎也等同"谢谢收看"，背后的意思是："不管你说什么，我都不会去做。"因为那件事情已经被他抛诸脑后。

回想一下，你是否也常对孩子说"等一下"？是否常让孩子等待，最后却没有下文，或总让孩子感觉过了好久的时间才得到回应？请注意，你的"等一下"，也会让孩子感到厌恶、反感、不舒服，或让他觉得自己被敷衍。

● 时间概念模糊

有时大人可能会认为"等一下"指的是马上就会去做，或是三五秒钟后就会有所行动。可是对孩子来说，"等一下"可能是指等他看完卡通、打完一局电子游戏、把乐高组完，或是"等我想做时再做"。

亲子间对"等一下"的定义之落差，也牵扯到孩子对于时间概念的把握可能过于笼统、抽象且模糊，甚至没有一个具体的标准。

"等一下"，到底是等多久？

引导孩子说明，这个等一下是指三分钟、五分钟，还是十分钟。或者，它根本只是个敷衍的说辞？让他去思考，为什么一定要等一下？为什么要等到明天，而不能现在就去做？同时让他意识到，这句话他已说了太多遍，甚至因此变成了说话时的惯性回应。

● 改变说话习惯，使用明确语词

1. 教导孩子采用精准、正确的说词，甚至可以和他一起讨论"等一下"这个词的定义。究竟等一下是等多久？是以"秒"计算，还是以"分"计算？还是凭当下的心态与心情来决定？下回，当孩子说出"等一下"这句话时，可以拿张椅子坐在旁边，用手机计时，看看他到底要过多久才会动手执行。

2. 当然，"等一下"有时也表示当事人正在忙其他事。如果是这样，就让他清楚说明自己不能马上抽身的原因。

3. 确认孩子是否想借由"等一下"这三个字来告诉爸妈："我不想做这件事！"如果是这样，就让他试着说服爸妈，具体表达真正的想法，而不是用"等一下"来敷衍、逃避眼前应该做的事情。

4. 引导孩子改变说话的方式，将那句习惯性的"不要催了""还没好""等一下"……改成"好的，我马上来"。改变说话的方式，不仅能调整自己的想法，也是在告诉对方，自己正在改变，让对方知道自己已明确接收到讯息，并且将马上采取行动（就像餐馆里的服务生说："好的，我马上来。"随后立即递上菜单或端上饮料一样）。

4 "反正你会帮我做！"

↓

谈孩子的妈宝、爸宝型拖延

　　"奇怪，这个家又不是只有我一个人，为什么所有事情全部都跑到我头上来？不仅丈夫如此，女儿、儿子也是这样。"妈妈一直觉得很累，在心里不断抱怨着，却不知道这心里的苦该向谁诉说。

　　"我真的不想再像个无头苍蝇似的，好累啊！"

　　这回妈妈终于逮到机会，和"以前"的闺密佩琦联系。之所以说是"以前"，是因为为人母后，完全没有时间和过去的好友相聚。逛街、聊天、喝下午茶……都已成为往事。还好现在偶尔能靠手机的聊天软件聊聊天，多少有个窗口得以抒发。

"无头苍蝇？"佩琦实在无法把昔日优雅气质的珍妮和苍蝇连在一块。

"唉，我可真羡慕未婚的你！你都不知道嫁作人妻后，我这些年的日子是怎么过的啊！"

"哈哈！真抱歉啊，珍妮。我未曾为人妻、为人母，那日子我还真没体验过。"说的也是，已婚、未婚，还真是两个截然不同的世界。珍妮心想。

"最近在忙什么？"佩琦自然地抛出这个话题。没想到让珍妮话匣子一开，一时无法停下来。

"忙什么？还不是在忙大的、小的，完全没了自己的时间。这个家要是没有我，可真是会大乱啊……"珍妮想到是自己在家中独撑大局，一度觉得挺骄傲的。但理性很快又断了线，顿时感到委屈、不耐。

"佩琦，如果你要结婚千万要想清楚，特别是生小孩，更要三思啊！

"还好，我没有跟公婆一起住，否则……"

佩琦发现再不打断珍妮的话，恐怕连自己都要感到吃不消。昔日优雅的珍妮似乎真的已随风而逝。

"等等，珍妮，你家两个孩子不是都上中学、小学了吗？应该也可以主动帮忙做些家务吧？"

"做家务？他们连生活上的小事都要我三催四请，最后还是我亲自动手。做家务？做梦啊！"珍妮不以为然地回着。

"可是，也是时候放手了吧？毕竟两个孩子都大了。"

"放手？不止两个孩子，就连我老公都那么依赖我。想放手？门都没有！"

佩琦虽没结婚生子，却能嗅出珍妮的问题出在哪。没错，其实问题就出在珍妮自己身上。

孩子拖延，心理师这么说——
家有妈宝、爸宝？

孩子有时会对自己的拖延不以为意，心想："反正拖着不做，除了下达指令的人（爸妈、老师）以外，也只有我知道。"而当父母提醒得太多，也会让孩子对父母产生依赖，甚至能预期父母的行为模式，认为"反正我不做，爸妈也会帮我做"……

家中有"妈宝、爸宝"，其实象征亲子关系已有所"质变"，表示孩子已出现过度依赖父母的问题。而这问题并不单纯来自孩子本身，有时也反映出家长自身因过度焦虑而帮孩子做太多的事实。

想想看，你是否已帮孩子做了太多？还要帮到什么时候？

为什么要帮孩子做那么多事呢？有时其实只是爸爸妈妈想要降低自己的焦虑，或是不想麻烦——因为觉得孩子根本不可能自己动手做，于是直接替他完成，"这样比开口催促来得干脆些。"有些父母甚至认为这么做能减少亲子间的冲突。

● 别当孩子的秘书

请不要成为孩子的秘书，这很容易让孩子产生惰性。

如果任何事情父母都要卯起来承担，孩子当然也就不需要对自己的行为负责。因此，家长也有必要自我剖析是否对孩子太不放心——这种"不信任"的讯息很容易在不知不觉间传递给小孩，而当孩子越感到不被信任，就越容易呈现出让大人不可相信的样子。

想想看，孩子让你放不下心的原因是什么？为什么要帮他做？你是否已被孩子看出了底线？

以收拾书包为例，如果没有人替他做，他当然就得自己动手整理；如果还是不收拾，他就要承担隔天到学校可能面临的问题。很多父母可能会担心孩子因此被学校处罚，但是，适度让他承担后果，对于养成自我负责的心态也是很关键的。

请不要让自己的坚持一再破盘而妥协。孩子的成长路上，我们

158

不可能随时为他把眼前的碎石清扫干净。该让孩子感觉到痛，甚至留下疤痕，才会有所警惕，拖延的问题也才有机会被破解。

● 练习适时放手

妈宝、爸宝型的拖延，真正要解决的问题是家长对孩子的不信任、不放心。家长应改变自己总是觉得孩子会出什么问题的习惯，也试着别那么容易将一件事情聚焦在负面讯息上。

爸妈做得越多，孩子就越欠缺宝贵的实践经验。为了孩子好，请试着放手。

回想一下，在过去一天、一星期、一个月内，自己曾放手让孩子做了什么事？如果帮他做了一些事，也有必要回头检视，在这些事情当中有哪些是他可以自己完成的。如果不替他做，原本担心的事情一定会发生吗？为什么会发生？如果真的发生了，又可以如何解决？

孩子有妈宝、爸宝型的拖延，怪不得别人。这句话很残酷，不见得所有家长对于有这样的亲子关系都愿意承认。但我们还是必须面对，否则将会在无形中加深孩子的拖延问题。

● 停止无效的叨念

"多说无益"，别让自己的发言变得没有价值，特别是重复的提醒与叮咛。

我常说：如果"说"有用，讲一次就够了。同样的话跟孩子讲了十次，就得有心理准备，他会让你说第十一次。这也表示，前面十次都是完全没有作用的。

● 养成自动化的习惯

孩子很容易开口问："我的作业本在哪里?""我的铅笔呢?""橡皮擦去哪了?"

每一次询问，都表示他上一次使用完毕后没有将东西放回固定位置。

将物品随性摆放或许能带来生活乐趣，但是对于"自律"的养成却一点也没助益，因为这将会让他把时间大量耗费在寻找物品上。

对于某些例行性事务，特别是物品的放置及取用，不妨让孩子建立一套固定的行为模式。透过行为"自动化"，他将能省去不必要的回想时间，以增加做事的效率。

160

举例来说，我们可以规定孩子放学回家后，先完成以下几个动作，才能继续后续的活动：

- 把书包放到书桌旁的固定篮子里。

- 在学校洗好的餐盒，拿到厨房摆放。

- 脱下来的脏衣服、袜子，分类后丢至洗衣篮。

如上述，让孩子日复一日顺着既定流程走，熟悉日常程序至能够自动化地完成，便不再需要大人的提醒与叮咛。

5 孩子上学总是迟到，
怎么办？

↓

追踪睡眠周期，建立规律生活

这顿饭，气氛十分凝重。

顺仔开学迄今，已经因为上学迟到而被记了无数次警告。全家人为此争议不休。

"你看你，这件事情该怎么解决！"妈妈拿出手机，上头显示着老师传来的小视频。顺仔苦着一张脸，不说一句话。

"说话啊！别当作没这回事！你们老师三天两头就发微信提醒我，不，应该是明示、暗示地警告我，要我多注意孩子，多负点管教的责任，别再让你迟到。

"还强调，全班就属你的问题最大！真丢脸！"说完，妈妈眼神斜瞪着顺仔，随后转向顺仔爸。

"你看我干吗？"

"干吗？为什么你不说说话，表示点意见？"妈妈最讨厌爸爸总是那副事不关己的模样。和顺仔有关的事，妈妈都得揽在自己身上，好像单亲妈妈一样。

"你就让他早睡早起呀。"

"又是这套老掉牙的无用理论，我已经很努力让顺仔早睡了！"

"那他应该就能早起呀！"

"说得简单，如果他能顺利早起，上学还会迟到吗？"妈妈很不以为然地说道。

"那就把他叫起来啊！"丈夫不说话还好，话一出口，让妈妈心里更火大。

"怎么问题到你这里都变得很简单？你以为他那么容易叫醒吗？"

妈妈越说越气，似乎没有要停下来的迹象。父子俩各自一手端碗，一手拿筷。在妈妈滔滔不绝的抱怨声中，不知如何是好。只见满桌的菜都要凉了……

孩子拖延，心理师这么说——
责任感的建立

以我自己为例，当我必须搭乘早班高铁到外县市时，通常会把起床时间设定在清晨4：45分，给自己预留约半小时的时间进行出门前的准备，再从家开车前往车站。

女儿曾问我，为什么天气那么冷，爸爸还可以那么早起床？当下我刻意挺起胸膛，用力拍了一下自己的肩膀，说："责任！"随后，开玩笑地用力拍向自己的啤酒肚，说："不负责任！"

没错，能否早起，以及是否拥有苹果型身材，多少和责任、生活习惯有关。对孩子来说，冬天气温那么低，如果可以继续在被窝里睡觉，是多美好的事；爸爸我当然也想继续窝在暖乎乎的棉被里，但还是会驱使自己早起。若因为睡太晚而错过了上班时间，造成演讲延误，那后果可不是简单一句"不好意思，我睡过头了"就可以带过的。

要长期维持这样的习惯，责任感的建立是刻不容缓之事。而所谓责任感，即是对自己、对别人以及给出的承诺负责的态度。

● 对后果的在乎程度

有些父母可能会发现，当孩子隔天要校外教学或和同学约了要见面，都会主动提醒："爸爸，明天记得叫我起床！""妈妈，你闹钟定了没？"在这些情境中，孩子对于"能不能准时"这件事情就显得战战兢兢。我们多少也可以由此观察出孩子对于每件事情的在乎程度。

回过头来，当孩子上学老是迟到，不妨想想看，除了被记警告和扣分，是否还存在其他会让他更在乎的后果？若他对可能引来的后果感到不痛不痒，那么是否准时出门、上学，对他而言就不是那么重要了（因为就算迟到了也没关系）。

因此，建议父母让孩子自己说明，他对不同事物的看法。说得越仔细越好，这将有助于更进一步了解孩子。

● 睡眠周期与循环

过去父母常会叮咛孩子要"早睡早起"，但现在，考虑到每个人都有属于自己的睡眠周期与循环，不妨换个方式告诉孩子："根据明天的起床时间，决定你今晚要几点睡。"

睡眠循环是由不断反复的浅眠至深眠构成。每个人的睡眠周期不尽相同，有些人以一个半小时为一个循环，有些人则是两小时一个循环。叫孩子起床时，在一个睡眠循环结束后唤醒他，会比较清醒。反之，如果一个睡眠循环还未结束就把孩子叫醒，你可能会发现他起床的难度大幅增加，而且就算勉强起床了，往往也会精神不济或伴随起床气。

试着从孩子的睡眠循环中找出规律性，确认其循环时间是以一点五小时为倍数，还是以两小时为倍数。

假设孩子的睡眠循环是以两小时为一单位。若他隔天早上要在七点钟起床，我们就可以试着往前推：清晨五点→凌晨三点→凌晨一点→晚上十一点→晚上九点。便能得出最佳就寝时间是在晚上九点或十一点。在这两个时间点睡觉，他将能完成数个完整的睡眠循环。

当然，我们也要去分辨孩子是"不易起床"，还是"起床后会拖延"。如果是前者，则能试着使用上述的睡眠循环方式。若是后者，最好的方法就是提早把孩子叫醒，让孩子有更充裕的时间能为出门做准备。

● 提供早起的诱因

给孩子提供多一点关于早起的"诱因"，让他愿意带有目的性地自我催促，也多一分提早出门的动力。

例如安排早起晨泳或晨跑，维持钢铁般的自律；有些老师则会给孩子出一些"晨起任务"，例如早自习前到学校参加乐器组或合唱团团练，其他像是社团活动、体能活动或球类比赛的安排等，也会有相同的效果。

克服拖延，其实也是在建立一个良好的习惯。当孩子养成了一个不好的习惯（做事拖拖拉拉、赖床……），我们就想办法将它扭转过来。这当然需要时间，但未必一个累积三年的坏习惯，就得花三年才能改回来。让孩子知道，只要他愿意改变，爸爸妈妈就会和他一起努力、甩开拖延的坏习惯！

6 孩子生活习惯糟，
怎么办？

↓

制定家庭常规，从细微处逐步改变

多数父母都希望自己的孩子在生活上能够自动自发。特别是将属于自己责任范围内的事情做好，而不需要大人像巡逻警察般时时提醒或唠叨。小竹、小梅的爸妈，对他们的女儿有相同的期待。

令他们不解的是，家里却老是有些状况出现，尤其明明只是举手之劳的事情，家里两个孩子却总是一再拖延。

"不过是那么简单的小事，花个几分钟就能做完，为什么连这种事也要拖?"这句话已成为妈妈每天必定多次播映的台词。

生活上的琐事特别容易让妈妈动怒。虽然生气也起不了太大作用，但不好好把心里这口气宣泄出来，实在太难受。

"是谁把吃剩的饭菜堆在这里不收拾？"这回，妈妈又发飙了。左手叉腰，右手指着洗碗槽里的剩菜剩饭与餐盘碗筷，大声嘶吼着。

每次这类糟糕的事情发生，总是得先确认犯人是谁。妈妈的嘶吼声划破早晨的寂静，小竹、小梅也被召唤到跟前来。

"小竹，是你？还是小梅？"小梅急忙摇头，她可不想一大早就被栽赃。要是被火爆的妈妈误骂了，真的会坏了一天的运势，说不定还会倒霉一整天。

"小竹，怎么又是你？到底要我说多少遍！老是不听话，你是在养蟑螂吗？"妈妈转头向惯犯小竹破口大骂。

"恶！"一听到"蟑螂"这两个字，小梅做出了夸大想吐的动作。小竹已板着脸，眼睛斜瞪着小梅。

"瞪什么瞪？本来就应该是谁吃谁收拾，更何况已经放了一个晚上……"

小梅声音愈来愈微弱，她知道小竹和妈妈一样火爆，招惹不起。虽然即将上演一场好戏，但小梅还是识相地远离"观众席"，赶紧抽身去准备上学。

吃饱饭不收拾，只是这个家经常上演的其中一场戏码，妈妈总会在固定时间、固定地点以高分贝登场。

"是谁又……"下一场戏又开始了。

孩子拖延，心理师这么说——
订立家庭常规

让还在发展阶段的孩子学会自律，在行为的养成上更需要受到规范，特别是由父母、老师来给予规范。因此，建议父母可以针对"该做的事、想做的事、喜欢的事"，与孩子订立一套常规：他得先把"该做的事情"做完，才能接着去做"喜欢的事"和"想做的事"。而后者通常会是孩子的休闲娱乐。

父母当然也可以用"责任制"来管教孩子，只是在实施责任制之前，我们得先确认孩子能对自己的分内事负责，并按时完成。

● 以幽默管教取代责备

对待孩子，我们都可以再幽默、轻松一点。只要愿意放下身段，许多可能发生的亲子冲突都能迎刃而解。

面对孩子的拖延也是一样，不妨以幽默的方式来对应，避免习惯性地以责骂处理。这特别适合学龄前的孩子，能使他们心甘情愿地在游戏中完成该做的事。

以我的亲身经验为例。我曾一度为了某件事和女儿冷战了几个小时，后来女儿有些尴尬地来向我道歉。她本以为我会借此说些大道理，我却学起韩国偶像团体 Super Junior 跳起舞来，对她说："你应该唱：Sorry，Sorry，Sorry，Sorry……"这出乎女儿意料的反应，顿时化解了父女两人因争执而生的尴尬。

透过游戏的方式与小孩互动，能让孩子觉得好玩、有趣，也比较能在放松的情境下，去做他原先不想做的事。

这样的互动模式不仅能促进亲子关系，也能让孩子有意愿听从父母的想法与指令。

现在就换个方式，透过游戏来和孩子互动吧！

【情境一】物品总是乱丢

要让孩子动身完成某件事情，不妨加入些有趣的元素，让孩子在行动过程中产生一种良好的情绪。

例如，我的孩子乱丢物品时，我曾告诉他："儿子，赶快过来，你的好朋友找不到你，坐在那边哭了好久！"话一说完，儿子一脸狐疑地从房间里走出来，跟着我来到浴室前。他看到我正指着地上的脏衣服，便明白我的意思，赶紧拾起地上的衣物往阳台去，再将待洗衣服丢进洗衣篮中。

透过这样有趣的方式，孩子能接收到我想表达的讯息：洗完澡要将换洗衣服丢进洗衣篮里。彼此心照不宣。更重要的是，面对孩子乱丢东西这件事，我也能在不扯嗓门、不燃起负面情绪的前提下，将问题解决。

有些父母可能会觉得孩子乱丢东西就该骂，他才会印象深刻。没错，当我们选择以责骂的方式处理，的确能让孩子"印象深刻"。但这时深刻的，不尽然是"下回别再乱丢东西"的观念，而是父母责骂时表现出来的负面情绪。

【情境二】急着出门，孩子却总是慢吞吞

面对生活上的诸多教育琐事，请尽情发挥创意，透过"玩"来与孩子互动。

很多孩子会在出门前拖拖拉拉，不是脸没洗干净，就是袜子还没穿、书包还没整理……皇帝不急，急死太监。尽管知道喊破嗓门也没用，父母还是只能一再从旁催促。

在我们家，如果要赶着出门，我会和孩子玩起"饭店服务"的游戏。

"早安，先生。本饭店目前提供免费代客洗脸服务。"话说完，随即拿起毛巾往孩子脸上一擦。

"另外，对于饭店贵宾，还有提供穿袜、穿鞋服务。"再马上为

172

孩子穿上袜子、套上鞋子。

当孩子总是在时间紧迫时拖拖拉拉，我们也许可以试着透过这样的"情境游戏"来解决眼前的紧迫性。孩子也会觉得爸妈是在跟他玩游戏，而不会将大人一时的协助视为理所当然，进而产生依赖。

【情境三】吃饭总是慢吞吞

有些孩子连吃饭都会表现出"爱吃不吃"的样子。这时，我们可以把汤匙当成"挖土机"，碗里的饭当成"沙子"，嘴巴想象成"沙石车"，和孩子玩起寻宝游戏。

"我们现在来用挖土机挖宝藏，看看翠玉白菜躲在哪里。"一边舀一匙饭放进嘴巴，一边寻找躲在饭里的白菜。

我也曾和孩子玩起停车场的游戏。孩子不爱吃饭时，我用手指轻轻碰触他的鼻子，说："请按钮取票。票卡处理中，请稍候。"孩子便会张开他的嘴巴，我就能把汤匙放进他的口中。而在这过程中，孩子也会玩得不亦乐乎。

● 循序改变，不躁进

面对孩子的拖延，如果连爸妈都不当一回事，孩子就更不可能自发性地去改变。当孩子陷入拖延漩涡或迷失在拖延的舒适圈里，也许以大人的角度来看会觉得他毫无压力，但事实上，孩子的压力都隐藏在看不见的地方，而这份压力也会影响孩子的自尊、自信、情绪和人际关系。

要改变孩子的拖延，建议一次从一件小事开始改变。

至于这件小事是什么？

可以是顺手把桌上的纸张丢到回收箱，用完的笔收到铅笔盒中，或是将不再看的书摆回书架上。

每个人都需要给自己一点正向反馈，如果一次给孩子太多任务，可能会让他心生畏惧而造成反效果、坏了行动力。

让孩子完成看似微不足道的小任务，除了能让他将原本不好的习惯一个个扭转过来，养成将物品立即归位的好习惯，也能让他在完成后产生正面反馈。

以整理物品为例，我们可以透过以下方式让孩子逐步改变生活习惯：

1. 从局部范围开始进行调整。例如先将任务范围设定在餐桌、书桌或书柜，把孩子需要整理的区域或工作内容设定清楚，并具体设定整理的起讫时间，让孩子善用零碎的时间来进行。

2. 把相似的工作内容集合在一起。例如要整理物品时，将书房里的书桌、书包、书柜看成同一单位，一起进行处理。

3. 必要时，把整理时间提前。这能避免孩子又有诸如"事情太多，来不及做"或"没时间"等推托之词。

4. 如果担心设定好完成时间，他却还是拖着不做，可以在一旁陪同，让他在你眼前把该做的事情完成。这么做，也能同时观察孩子完成每件任务所需要的时间。

● 制定 SOP

让每件事情有个 SOP（标准作业程序 Standard Operating Procedures），孩子就能在固定的时间、地点，做固定的事情。例如某些物品最好被固定放在同一位置，并且别随意去移动它，用完就要随时放回原处。

制定 SOP 能为孩子塑造一个良好的规律，而随着一次又一次的实际演练，孩子也比较能下意识地在同一时间、同一地点做某件事，而不致拖延。

● 承诺履行与惩罚

孩子总是可以搬出一百零一个理由，解释为什么他没有做这个、没有做那个。日常生活中的细微小事，请避免帮孩子做，帮他做了又对他唠叨，更是无法达到任何帮助。

以清洗碗为例，若孩子不想洗，我会反问："要怎么做，你才会洗碗？"也许他会回答："我不要洗那么多。""能不能轮流洗？""我想洗自己的就好！""能不能十点钟再洗？"我们便能由此得知其确切想法。无论他接着给出什么样的承诺，请记得一件事情：不管怎样，他都得履行承诺。

孩子在该做事情 A 但没有做时，通常是因为他跑去做了事情 B。这时，我们可以观察一下：这件能吸引孩子的事情 B 到底是什么？如果孩子在过去经验里，一再违反承诺好的约定，不妨先暂停他进行事情 B 的权利，以作为条件的交换。

● 分享正面事例

和孩子分享一些故事，例如日本清洁界的国宝级达人新津春子——一位让羽田机场连续两年被评为世界上最干净机场的幕后功臣。打扫之于许多人，可能是件微不足道的事情，但新津春子用心维护，甚至从中培养出自己的生命哲学……

借由分享此类正面的新闻内容，能让孩子有机会了解别人对待日常小事的方式，并从中仿效。

7 孩子拖延，
能不能用条件交换？

↓

谈奖励的运用

"为什么开口闭口都要谈条件?"

薇薇妈向来对于凡事都要给孩子奖励的教育方式感到不以为然。

"我们小时候不都是自动自发做事情，哪有什么'把桌面收拾干净我就给你糖''把作业写完就让你看电视'这种事?"

"美芳，每个孩子都不一样，教育的方式当然也要随之调整。否则，为什么有那么多教育书、网络上有那么多教育文章?

"何况，如果不谈条件这招对薇薇有用，你也不会烦恼成这样了。"玉琴试着让妹妹转念，她知道美芳从小个性就固执。

"可是，按时把作业写完，这不是天经地义之事吗？"

"是，但多少还是需要一点执行的动力吧！别把条件、奖励看得太严重，或许我们可以换个角度看，这只是给薇薇一个'愿意动起来的诱因'。"

没错，任何事情都需要有个开头。

对薇薇来说，这段时间最欠缺的就是那股动力。

"诱因？我哪能想到什么诱因？"

"回想一下，哪些事物最容易唤起薇薇的注意和兴趣，甚至让她想要主动投入？当然，未必是物质上的供给。"美芳像在为玉琴进行咨询似地，试着让她慢慢对薇薇有所觉察。

"然后呢？"

"从中选出能让薇薇产生动力的事物，作为解决她拖延的诱因。"

"话是这么说，但我还是不知道该怎么做……"玉琴一脸茫然。

"就先回到我们自己身上吧。虽然我们一向很自律，但多少都有让我们裹足不前、想逃避的事情。

"想想看，每次要动手去做这些事时，你是不是会心想：'等这件事情完成了，我就要……'？"美芳把话停在这。

美芳知道，要解决一个人的拖延并非一蹴可及，让玉琴先以自己的经验沉淀、酝酿一下，待她清楚些，或许就能扮演起如心理师一般的角色，陪伴薇薇解决长期以来的拖延习性。

"'我就要……'自己填空吧！对每个人来说，最好的奖励就在里面。"美芳露出意味深长的微笑。

孩子拖延，心理师这么说——
该不该给予奖励？

孩子是需要被奖励的，虽然这些奖励是外在的刺激，但某种程度上，它还是能发挥应有的作用——让孩子动起来。

有些家长可能会质疑："为什么我要孩子做他该做的事，却得奖励他？""为什么非得靠这些外在的诱因才能改变？"其实，每个孩子的状况不尽相同。当我们给孩子一个做事的诱因（这里指的是奖励），而那个奖励也能让他有所改变，这个奖励制度就值得执行看看。

孩子完成了某项任务（即便只是一件小事），不妨鼓励他给自己一个大大的自我反馈，让他知道只要在时间内把事情完成了，就不用再受到批评与指责。当然，如果能提前做完而没有任何拖延，更要给自己一个大大的奖赏。这样的正向反馈，将能让他对于"下次也要把事情做好"产生期待，进而产生做事的动力。

给予实质奖励后，可以再给孩子一点时间，让他慢慢从物质供给、电子产品使用权等外在奖励，转为父母的一个笑容、一个拥抱等内在奖励——是的，你的这些社会性回应，有时就能让孩子感觉自己被肯定。

● 时间使用权

很多事情都要让自己有动手去完成的诱因，要让孩子主动去做某些事情也是如此。其中，"时间使用权"就是一个很大的诱因。

以写作业为例：要让孩子爱上写作业其实有些强人所难，但若能让他有"把作业写完，就能做我真正想做的事情"的观念，也许就能让他对做事产生一些动力。当孩子知道只要把作业写完，剩余的时间就可以任他自由运用，在合理范围内享受喜欢的事，便会对于完成作业这回事有所期待。

有时我们会担心，孩子把写作业看成是一种获得奖赏的手段，怕他少了一分对于写作业应有的责任感。但是，当孩子已陷入严重的拖延，也许我们可以退一步，先把奖励、诱因提出来。

当然，在孩子行使他的"时间使用权"时，爸妈就别再塞事情给孩子了，因为这样的自由时间，可是他努力将任务完成换来的！

● 留意“条件式”亲子关系

信用卡的积分总是相当诱人，那些不断累积的积分，总让我们对于那些可供兑换、琳琅满目的物品产生无限遐想，物欲不断地被放大，也让我们在不知不觉中产生刷卡的欲望。

其实，若将信用卡的积分换成父母与孩子间的行为与表现约定，也会有类似的作用。

“只要你完成某件事，或表现符合我的期待，就帮你盖章、积分，甚至可以直接兑换奖品。反之，如果没有做到或表现不好，积分就会被扣抵，或直接取消、限制你的权利。”像这样，类似信用卡积分的行为契约，在某种程度上也能对孩子的表现发挥效果。

当然，家长们也得留意自己在亲子互动上，是否给予孩子太多的“条件”。

“赶快把作业写完，我就让你用手机。”

“再拖拖拉拉、不去洗澡，待会儿就不能看电视！”

“如果在学校准时抄完课堂笔记，老师检查合格，回家让你玩手机。”

类似的对话，每天都在许多家庭上演。

你是否发现自己与孩子的互动，也充斥着各式各样没完没了的

"条件"？

我们不断要求孩子，孩子也不断向我们索求，彼此不停以条件往来。这之中，似乎少了点"无条件式"的关爱与互动……

一如本节前文所说，条件（奖励与惩罚的执行设定）与积分（行为表现的累积，以作为后续奖励的兑换）的使用，在某个阶段能带来强效作用，尤其对于缺乏内在动机的孩子，"外在的奖励"是具有十足吸引力的。

但是，我也必须强调，过多的条件将有碍亲子关系的发展。关于这点，家长们不能不小心谨慎。

因为太多的条件，有时会让孩子只注意到眼前可以兑换的物品或权利，而忽略了父母对他的爱与关注。

至于亲子间若没了条件的交换，孩子是否能够自发性地去做事，这点就必须留待父母们谨慎观察了。

8 孩子拖延，
他竟然比我更生气？

↓

给家长们的省力教养秘诀

"世玮，每次要你收书包，你就拖拖拉拉，到底要我说几次？不过一点小事，为什么总是做不到？"妈妈已经受不了世玮的惰性，索性弯下腰替他整理书包。

"每次都要我帮你收，你以为妈妈的时间很多吗？"妈妈口中依然说个不停，世玮却还是满脸愉悦地继续玩手机。

"我在跟你说话，你到底有没有听到？马上把手机收起来！"世玮被妈妈突然放大的音量吓一跳。

"收就收嘛，干吗那么大声？"

"收收收……你不只收书包慢吞吞，连要你把手机收起来都要让我讲个不停。"

"妈妈，不要再说啦！你越念，我就越不想收。不过是收个书包，唠唠叨叨，烦死了！"世玮虽然把手机关了，却又从书架上随手取了本漫画来看。

"出门上学、穿衣服、洗澡、吃饭，你有哪件事情不拖拖拉拉？你以为我爱说啊！只要你把事情做好，我也不用这么累啊。"

世玮索性把身体侧向一边，不理会妈妈。

妈妈心里很清楚，关于世玮的拖延，不停叨念也无法带来丁点作用。但是，如果不开口说点什么，又怕世玮更加不知道自己在干吗。妈妈觉得好疲倦，就像掉入一个不断恶性循环的黑洞。

"如果连生活细节都没办法搞定，长大后要如何面对更复杂的事情、承担更多的责任？"妈妈为了世玮的事情懊恼不已。

孩子拖延，心理师这么说——
"最省力"的教育

为什么在面对孩子拖延成性的问题时，孩子却比我还生气？这

184

是许多父母都认为没道理的一件事。父母在面对孩子的激动情绪时，往往会耗费大量的气力，无法"成熟"面对眼前的问题。

孩子闹脾气时，我们常常比他更生气；孩子不乖时，我们选择以"打"来处理。再不然，孩子做了不该做的事，正处于不安的情绪时，我们却开启了"说理"模式……难怪越说，孩子越气，只能怪我们不懂得"挑时辰、看脸色"。

我们都忘了，什么是"省力的教育"。

假设下列 ABCD 四种处理方式都能有效达到目的，让孩子的激动情绪缓和下来。想想看，当孩子情绪激动时（暂时不管引爆原因），我们可以如何处理？四种教育方式中，哪一种所要消耗的能量最低，不至于让自己精疲力竭、气得半死？

A. 立即开启说教模式。

B. 情绪倾巢而出，责骂孩子。

C. 打下去。

D. 保持冷静、温柔坚定。

答案很显然是 D，"保持冷静、温柔坚定。"

请别急着预设立场，自我暗示："第四点怎么可能做得到？"既然这是最低耗能的处理方式，何不尝试看看呢？接下来，让我们来进一步讨论 A B C 三种处理方式是否能带来成效。

A. 立即开启说教模式

在孩子情绪激动的情况下，开启说道理模式有用吗？我持保留态度，因为孩子拖延往往并非知识上的不懂。而说教只会让孩子愈加烦躁，甚至带来更大的副作用。关于这点，只要问问孩子的心声就能略知一二。青春期的孩子对此尤其"厌恶"。

B. 情绪倾巢而出，责骂孩子。

开口责骂？孩子被骂了，他的行为就会因此改变吗？其中的改变机制到底在哪里？父母在责骂孩子时，往往遣词具体，又喜欢掀旧账。骂多了，不仅让孩子觉得自己很糟糕，自尊心受影响，甚至变得不爱自己。何况父母在骂完小孩之后，往往也会感到心情低落，两败俱伤。

C. 打下去

在动手打孩子之前，请想想，为什么我们总是告诫他不能用"打人"来解决问题，而我们自己却可以？孩子激动时，打了他，就能解决问题吗？

综合上述分析，若想让孩子情绪平稳下来，就先由我们做起，为孩子示范如何"保持冷静、温柔坚定"吧！

● 小心孩子模仿你

孩子有时就像一面镜子，也反映出我们在日常生活中的情绪以及行为反应。而错误的情绪处理，也可能会让孩子跟着效仿。因此，家长们请留意自己是否也总是处于生气的状态，并自我觉察这样的情绪反应通常会维持多久的时间。

● 解析孩子无法消气的原因

为什么孩子总是气那么久？许多爸妈心里都有这样的疑惑，有时甚至看见孩子气不消，爸妈干脆也加码，同台演出这场"气"……

要说出"别生气"三个字很简单，但真正要当事人别气，其实很不容易。下面分析孩子难以消气的几个常见情况，以作为读者陪伴孩子度过生气情绪的参考依据。

1. 不是故意的，但就是无法停止生气。事实上，情绪的控制并没有我们想的那么容易，有时是想停也停不下来的。

2. 孩子面子挂不住，没有台阶下。这特别容易发生在孩子哭闹之后，因为他自己也会感到丢脸、不好意思。

3. 孩子在试探大人的底线。孩子可能会觉得只要继续生气就有用，爸妈终究会因为在乎自己的小孩而妥协。这样的心态，多少也有情绪勒索的成分。

4. 孩子一时不知道如何让情绪缓和下来，没有解决问题的出口。

5. 孩子的想法"卡住了"。一直往对自己不利的方向联想，脑袋里充满负向思考，生气的情绪也就持续蔓延。

6. 孩子被父母的话激怒。有时，爸妈的唠叨或遣词用字，可能会刺激到孩子，让他的生气情绪加码延长。

●协助孩子"消气"

孩子一直在生气，怎么办？

回想一下，孩子过去都是如何停止生气的？在怎样的情况下，他会停止生气？

或者，孩子的生气总是会维持一段很长的时间？

孩子生气后，都会做什么事情来让情绪保持稳定？

此外，也请留意孩子是否又生气了？与上一次生气之间相隔多久？

生气是很自然的，但我们要避免孩子在气头上太久。让情绪回复平稳需要时间，但也不能是漫长的等待，因为生气拖太久，将有碍其身心健康。

对于年纪较小的孩子，适度转移其注意力会是让他暂时停止生气的一种方式。至于如何转移，没有一定的标准，可以让他去做别的事，或是用其他话题引开他的注意力。

有些孩子则需要我们安抚，或是在一旁静静陪伴。这时，有必要让他知道，我们是很关心他的情绪的，但也请别给予太多言语上的刺激或大道理。

9　当孩子为寻求注意而拖延，
怎么办？

↓

谈孩子的蓄意性拖延

向来在学业上表现很好的小敏，最近也开始出现拖延的情况了。

"学习好有什么用？在妈妈眼里，一切都是理所当然。每次都考卷看一看、成绩单瞧一瞧，就只留下一句：'下次继续加油!'"小敏发现，不管自己表现得再好，妈妈的注意力都只在小捷身上，心里有无限的怨言。"加什么油？我都这么努力了，你还不注意我?"

"我真讨厌小捷!他出生前，我就像家里的一颗明珠，每个人的注意力都在我身上。现在所有人都只注意他，把我冷落到一旁。我就不信我没有办法扳回一城！"小敏开始在心里盘算如何从小捷身上夺回爸妈的视线。

"偷东西？"这念头一出现，小敏马上想到新闻上犯人双手被铐上手铐的画面，吓得全身打哆嗦。"不行，这代价太大了！"

学别人打架？但是一想到可能会这里瘀青、那里流血的，搞不好还得上医院，成本也太高了。对妈妈乱发脾气？似乎又太耗体力……

"有了！"小敏突然灵光一闪。"哈！那我就不写作业，在托管班时慢慢拖，留一部分回家写，妈妈就得花时间来盯我写作业了！"

想到这里，小敏的嘴角扬了起来。因为她很清楚，写作业的速度完全在自己的掌握之中。

事情果然如小敏所愿，隔天妈妈的叮咛声马上响起。

"小敏，你怎么搞的？今天作业怎么没在托管班写完？"小敏没有说话，暗自在心里扑哧一笑。

"作业拿来这边写。小捷，你到房间里玩。"尽管被妈妈凶了，小敏心里却很得意。因为这是小敏多年来首次赢得妈妈的注意力。

此后，小敏的拖延问题正式开始。

这让小敏妈头痛了好一阵子，百思不得其解。因为小敏以前从不会这样。

"该不会是想跟小捷争宠？"当丈夫抛出这个疑虑时，小敏妈实在一头雾水。

打从自己生了第二胎，小敏妈就常听周围朋友说："要留意老大的感觉。""小心孩子们争宠，他们都想得到爸妈的爱和关注。""小心孩子可能会抱怨你偏心、不公平。"朋友们的建议，小敏妈都可以理解。

但是，拖延和争宠，到底有何关联？小敏妈还在努力把这两件事串在一起。

孩子拖延，心理师这么说——
留意偏心与争宠

别讶异，有些孩子表现出拖拖拉拉，背后的原因可能是出于"争宠"、想获得父母对自己的注意。他们可能会在心里想着："只要爸妈注意到我、把视线聚焦在我身上，就算被责骂也没关系。"

现在的父母和孩子都很忙，甚至可能忙到没时间好好关心彼此。而当孩子想要从父母身上抓回一点注意力，可能就会选择把父母交代的事情搁置。

你也许会疑惑："可是我会骂他啊！"再次强调，孩子会认为只要能被注意、能达到自己所要的目的，任何后果都无所谓。这点，请家中有两个以上孩子的家长特别留意。

● 说出行为背后的想法

有时，孩子表现得中规中矩，反而容易让我们误将一切视为理所当然。当孩子特别想要获得关注，多少也是在提醒我们留意，是否在不知不觉中忽视了他。

当孩子因为争宠问题而有脱序表现，父母不妨直接表达对于该行为背后的想法："妈妈、爸爸知道你这么做，其实是希望我多注意你一些。"

当我们顾及孩子的隐私，在非公开场合和孩子把话给摊开，将他们的行为目的说出来，通常其故意拖延的行为也会明显减弱。

● 制造单独相处的机会

每个孩子都会希望自己是父母心中的全部、是独一无二的。虽然在现实中，我们通常无法做到真正的公平，但可以尽力而为，并同理孩子的感受。

多制造一些与个别孩子单独相处的机会，很单纯地陪伴眼前的"这一位"孩子。

请注意，这里所说的"单独相处"，不能是因为另外一位孩子而产生的。例如带其中一位小孩到快餐店用餐是为了等另外一位孩子下课，或是带其中一人去逛街是因为要帮另一位小孩买东西等。这会让当事人觉得爸妈依然只想到另一个手足，心里更加不舒服。

● 留意与孩子们的互动差异

对待大女儿，你是否尽是成绩、作业、生活习惯上的要求；对小儿子却有许多陪伴，总是陪着他开心玩乐，或是说故事给他听？

父母们必须留意与不同小孩之间的互动模式。当孩子问"为什么跟我说话时都是苦着脸，跟弟弟说话却有很多笑容"，父母就得注意自己是否会不经意地对较大的孩子持有许多要求与期待，而时常对他们板着一张脸。

关于这点，父母必须好好自我觉察。因为这样的互动差异，将会给不同孩子带来全然不同的感受。

● 留意自己的正向行为表现

改变对孩子的关注方式。过去可能只在孩子有拖延表现时（例如写作业慢吞吞），会让我们走过去对他有所要求。现在，请换个方式，主动去看到孩子所完成的事。让他知道，原来主动去做一些事情，更能获得父母的注意力。

有关孩子的争宠问题，往往是父母需要调整的概率比较高。只要父母愿意改变，了解并满足孩子的实际需求（例如渴望被关注、被陪伴），就有机会降低孩子透过不合理的行为来唤起他人注意的概率，拖延的频率也会随之降低。

10　爸爸妈妈自己也爱拖延，

怎么办？

↓

展现决心，　建立身教

"爸爸，你都一直要求我，你自己还不是一样！饭后的碗筷、翻到一半的书都到处乱放。妈妈也常常要你物归原位，结果你还不是一样拖拖拉拉。"

"怎么现在变成你教训起我来了？"

"我不是在教训你，只是想说，如果自己也做不到，就不要要求别人。难道不是吗？"爸爸被正值青春期的婷宜说到面红耳赤，一时又无法反驳。

爸爸冷静想想，自己的确习惯拖延，在工作上总是拖拖拉拉、无法在下班前做完事情，下班后也常在电竞游戏或夜间谈话性节目等休闲活动上耗费过多时间、延迟了正事。日复一日下，待办事项像循环利息般不断滋生，不仅变成老婆眼中另一个需要不断叨念、提醒的小孩，更成为老板以明示、暗示发出警告的对象。

爸爸虽然也为了自己在夫妻关系与工作表现上的处境感到担忧，但被家里的小毛头当着面数落，羞愧之余心里仍颇不是滋味。

"我也不想这样啊！一天工作下来，我也想要放松啊！"爸爸尝试反驳。

"我们中学生不也一样？谁不想放松啊！"婷宜立刻补了个回马枪，再次重伤爸爸脆弱的自尊心。可见对抗拖延，大人可能毫无说服力。

"你还说我，你自己也是拖到火烧屁股了才开始做事情啊！"被孩子打脸的确很难堪，但正如婷宜所说，爸爸总是到了最后关头才开始卯起来做事，又被时间压迫得没有好心情、好脸色，让全家人常处于非常紧绷、低气压的状态。

"我已经告诉你多少遍要提早做，为什么每次都讲不听？害孩子都跟你同样一副德行！"

"但我每次都能让状况迎刃而解啊！"

"你少强词夺理！"爸爸的反驳让妈妈很不以为然。"等你哪天无法准时交出案子，你才会知道拖延的严重性！"

眼看爸爸已陋习成性，难道也要放弃改正孩子吗？当然不行。

妈妈心想："丈夫已经是成人，得对自己负责。但婷宜还在成长中，我不能眼睁睁地看着她养成坏习惯，继续沉沦……"

当爸妈自己也爱拖延，怎么办？

孩子拖延，心理师这么说——
戒断拖延，从父母做起

首先，我们必须检视孩子的拖延习性是否来自大人不良的示范。模仿父母是对孩子来说最安全的一种模式，你怎么做，孩子便怎么学；当孩子因为耳濡目染而养成相同的行为模式时，便说明大人本身在行动力上没有说服力，当然也就很难要求孩子做出改变。

因此，如果你期待孩子不出现拖延的毛病，便应该从自己开始摆脱拖延的恶习，且要有自信能够成功克服。

为人父母者若能同时改变自己与孩子，可是一种双赢的结局，何乐而不为呢？

● 展现改变的决心

那么，如何让孩子不拖延呢？当然，大人得做好身教。既然拖延对大人来说也是一种常见的坏习惯，那么与其一味要求孩子改变，倒不如亲子携手共同克服这个毛病。

因此，当我们觉察到自己有这个毛病时，请坦诚地让孩子知道，请他们接受爸妈也有不完美的地方，同时表现出改变的态度跟决心，而非因为孩子的数落，便陷入沮丧、缺乏行动力的状态。

拖延虽然是令人讨厌的特质，但有此特质并不可耻，而我们接纳自己的拖延，也不表示自己永远就是那样；相反地，若让拖延蔓延，我们的下场将会很可悲，因此应该从现况出发，逐渐做出一些改变。

● 亲子携手克服拖延

在亲子共同努力的过程中，首先得向孩子坦承自己也正面对拖延的坏习惯，再和孩子一起分析彼此拖延的习性，并设定努力的目标。当消极的反应或拖延的习性在过程中再次出现时，也别忘了以互相提醒、叮咛、加油打气来取代嘲讽或揶揄。

同时，身教重于言教，若自己尚未克服拖延的习惯，便不宜轻易地对孩子提出不合理的要求，而是应该向孩子明确表达自己想要改变的动机，同时引导孩子一起行动，如此便可提高孩子改变的概率。

在执行面上，则可以邀请孩子一起思考如何解决大人的拖延问题，让孩子易地而处，以较清明的思绪提供具建设性的提议，并在收集完全家人的意见、评估当中的可行性后，分别订定出属于大人与孩子努力的计划与优先级，然后开始执行。

执行的过程亦可以透过与孩子订立约定、未达到预定目标便需要履行承诺等方式来提高执行的效率。

克服拖延，像是未来的自己正和过去的自己较量，而胜负则取决于现在的自己。当现在的自己像个裁判般，看着过去跟未来的自己相互拉扯时，请切记，多给未来的自己一些力量、展现克服的勇气与决心。

一旦成功克服拖延，你将重新寻回自信、更懂得欣赏与接纳自己，并在生命中活出更漂亮的身影。